高等职业教育工学结合教材

轨道电路设备检修与维护

主编 ◎ 蒋东明　鲜　敏

西南交通大学出版社
·成都·

图书在版编目（CIP）数据
轨道电路设备检修与维护 / 蒋东明，鲜敏主编. 成都 : 西南交通大学出版社，2024. 8. -- ISBN 978-7-5643-9904-7
Ⅰ. U284.2
中国国家版本馆 CIP 数据核字第 2024F7G338 号

Guidao Dianlu Shebei Jianxiu yu Weihu
轨道电路设备检修与维护

主　编 / 蒋东明　鲜　敏

责任编辑 / 张华敏
封面设计 / 原谋书装

西南交通大学出版社出版发行
（四川省成都市金牛区二环路北一段 111 号西南交通大学创新大厦 21 楼　610031）
营销部电话：028-87600564　　028-87600533
网址：http://www.xnjdcbs.com
印刷：四川森林印务有限责任公司

成品尺寸　185 mm × 260 mm
印张　9.75　　字数　244 千
版次　2024 年 8 月第 1 版　　印次　2024 年 8 月第 1 次

书号　ISBN 978-7-5643-9904-7
定价　39.00 元

课件咨询电话：028-81435775

PREFACE 前　言

铁路信号基础设备是组织指挥列车运行、保证行车安全、提高运输效率、传递行车信息、改善行车人员劳动条件的关键设施。轨道电路作为铁路信号基础设备之一，是铁路信号控制系统得以正常工作的基础，也是保证铁路行车安全的重要设施。

党的二十大报告指出“统筹职业教育、高等教育、继续教育协同创新，推进普职融通……优化职业教育类型定位。”本着二十大报告指出的发展思路，山东职业学院相关专业教师对“铁路信号基础设备”课程进行了尝试性改革，在原有教学内容的基础上，加强了实践教学，并编写了本教材。本教材以轨道电路为核心，根据高职学生的特点及现场企业的需求编写，教材内容与现场实际紧密结合，符合岗位需求。

本教材采用项目式编写，共包括七个教学项目，项目一和项目二是学习轨道电路的基础，内容包括线路、道岔、铁路安全型继电器等；项目三和项目四介绍了轨道电路的基础理论知识，如轨道电路的组成、基本原理、站内电码化技术、轨道电路的极性交叉等，这是学习、理解后续内容的前提；项目五和项目六介绍了两种基本的站内轨道电路制式和目前广泛应用的 25 Hz 相敏轨道电路的原理、特点、调整与维护，以及解决冲击干扰的 97 型和扼流适配变压器型 25 Hz 相敏轨道电路；项目七介绍了移频轨道电路，如 ZPW-2000 系列无绝缘轨道电路的原理、特点、调整与维护。

本教材对每个项目及项目中的每个任务单元都提出了针对性的学习和技能目标，不仅对学生的专业理论水平有实质性要求，也对学生的实践能力提出了具体要求，能够满足今后工作岗位对专业能力的要求。

本教材可作为高职高专铁道信号、铁道通信、城市轨道交通自动控制专业的教学用书，也可作为现场技术人员的参考书及铁路基层站段职工的岗前培训用书。

本教材由山东职业学院蒋东明、鲜敏主编。全书共七个项目：项目一至项目四由蒋东明编写，项目五至项目七由鲜敏编写。另外，中铁二院北方勘察设计有限公司高级工程师徐宝军、济南地铁信号工程师李茂强就书中维护和故障处理部分给出宝贵意见，在此表示感谢！在编写本书的过程中，参考了部分相关资料和书籍，已将这些资料和书籍列于书后的参考文献中，在此向其作者表示诚挚的谢意！

限于编者水平所限，书中错漏之处在所难免，恳请读者不吝指正。

编　者

2024 年 3 月

CONTENTS 目 录

项目一　铁路信号基础设备相关概念

知识导图

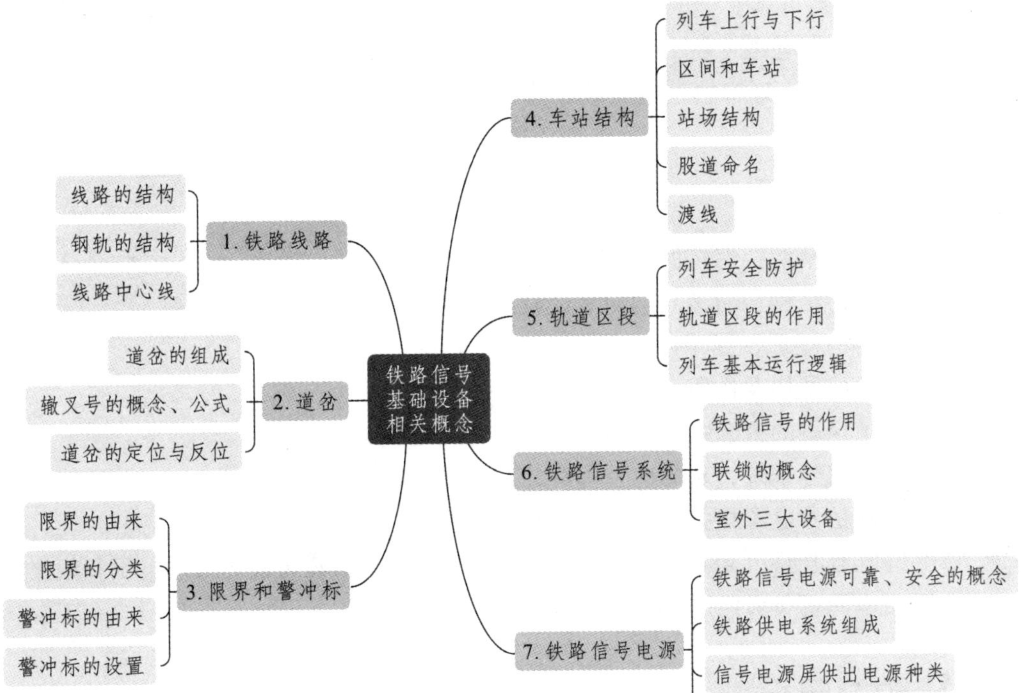

项目描述

铁路信号的基本任务有两个：一是保证列车运行安全，二是在保证列车运行安全的前提下提高列车运行效率。铁路信号系统要完成这两个任务，需要一个基本前提条件，就是铁路信号控制系统（无论是车站信号控制系统还是区间信号控制系统）需要知道当前在钢轨上运行的列车位置信息。目前铁路信号系统对列车的定位手段较为复杂，作为列车定位手段的轨道电路一直发挥着基本且重要的作用。

轨道电路检测到列车位置信息后，将该信息传送到铁路信号控制系统中，列车位置信息与铁路信号控制系统中的其他信号设备（如信号机、转辙机）产生的信息之间有着严密的相互制约关系，这个关系被称为联锁。也就是说，铁路信号控制系统在信号机、道岔和进路之间通过技术手段建立了相互制约的联锁关系（实现这种关系的设备称为联锁设备）。可以这么理解：当轨道电路不能正常工作时，铁路信号控制系统中的其他设备也不能正常工作，在铁路信号控制系统的基本技术原则——故障导向安全（故障—安全）原则的保护下，铁路信号控制系统将进入工作停滞的安全状态，最终表现为列车停止运行，从而影响列车运行效率；另外，当轨道电路失效时，其对列车的定位功能丧失，如果此时列车停留在钢轨上，而铁路信号控制系统却无从知晓（俗称飞车），这样就存在重大安全隐患，可能导致列车追尾事故的发生，从而无法保证列车运行安全。

因此，轨道电路可靠安全工作是铁路信号控制系统保证列车安全高效运行的基本前提。

在系统学习轨道电路之前，本项目将对铁路信号基础设备尤其是线路进行初步介绍，从而为进一步完整深入理解轨道电路做好铺垫。

学习目标

1. 掌握线路的结构、钢轨的结构及相关标准数据；
2. 掌握道岔的结构、辙叉号的定义及其对车速的影响；
3. 掌握限界的概念和警冲标的设置；
4. 掌握车站的结构及作用；
5. 掌握轨道区段的概念，了解列车运行的基本逻辑；
6. 了解铁路信号系统，从概念上理解什么是联锁；
7. 掌握铁路信号电源相关的可靠、稳定、安全等概念；
8. 掌握继电器电源、（480）轨道电路电源、25 Hz 相敏轨道电路电源的电压和频率特征；
9. 掌握用电源正负极绘制简化图的方法。

能力目标

1. 能用电源正负极绘制简化图；
2. 能进行电源屏的基本操作。

素质目标

1. 培养分析问题和解决问题的能力；
2. 培养不断探索的学习精神。

任务一　铁路线路

任务导入

铁路线路（以下简称线路）是列车运行的基础，也是轨道电路的组成部分。那么，线路的结构是怎样的？它在轨道电路的构成中起什么作用？要回答这些问题，需要了解线路的基本知识。

任务目标

1. 掌握铁路线路的结构；
2. 掌握铁路线路中心线的概念；
3. 掌握钢轨的结构，以及钢轨的标准长度、类型和标准线间距。

相关知识

机车车辆走行的通路称为线路，它由轨道和下部建筑组成。

一、轨道

轨道也称上部建筑，由钢轨、轨枕、道床、道岔、联结零件和防爬设备组成，如图 1-1-1 所示。

道床是铺设在路基上面的道砟（碎石和砂子）层。道床的状态对轨道电路影响很大。

轨枕是钢轨的支座，用它可以保持钢轨的位置、方向及轨距。我国普通轨枕的长度为 2.5 m，道岔用的岔枕和桥梁上用的桥枕，其长度有 2.6 ~ 4.85 m 等多种。

钢轨的基本作用有两个：一是承受列车车轮传来的压力，并把此力传给轨枕；二是引导列车按一定方向运行。它的断面很像工字梁，包括轨头、轨腰、轨底三个部分，如图 1-1-2 所示。

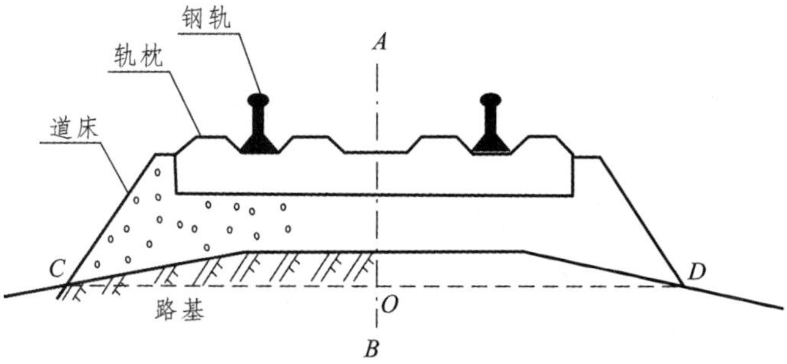

图 1-1-1　轨道

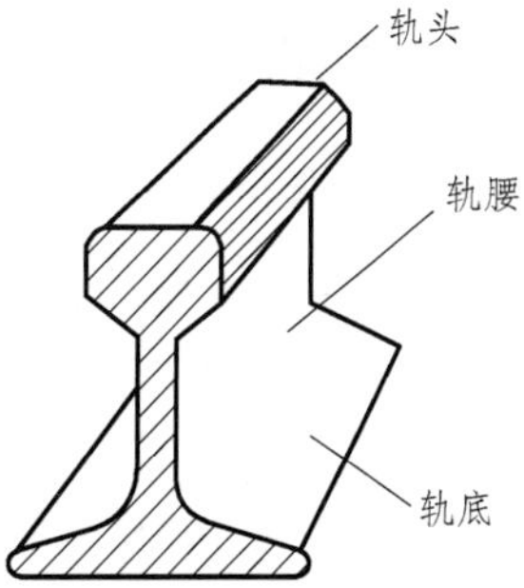

图 1-1-2　钢轨断面

钢轨类型是以每米钢轨质量来表示的，如 70 kg/m、60 kg/m、50 kg/m、43 kg/m（称 70 轨，60 轨，50 轨，43 轨）等。钢轨质量越大，能承受的冲击力越大。

目前我国钢轨的标准长度有 12.5 m 和 25 m 两种。

钢轨接缝处的联结零件包括鱼尾板（又称夹板）、螺栓、螺帽和弹性垫圈等。钢轨接缝处必须保持的缝隙叫作轨缝。

轨距在钢轨头部内侧面下 16 mm 处测量，应为 1435 mm，称为标准轨距，如图 1-1-3 所示。

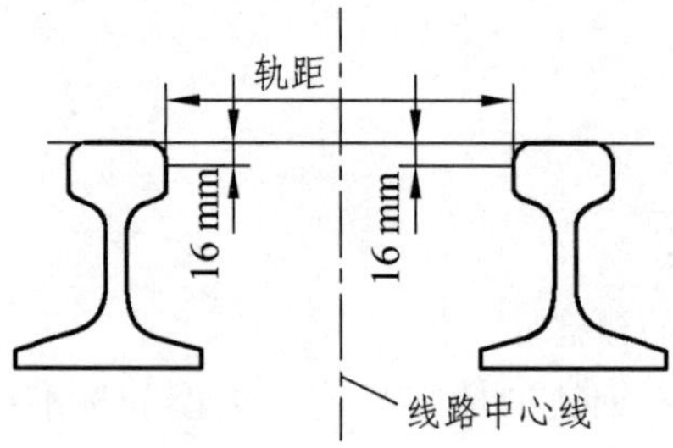

图 1-1-3　轨距

二、下部建筑

下部建筑由路基（路堑及路堤）、桥梁、隧道、涵洞等设备组成，如图 1-1-4 所示。在实际管理中，除路基之外，其他下部建筑不属于“线路”范围。

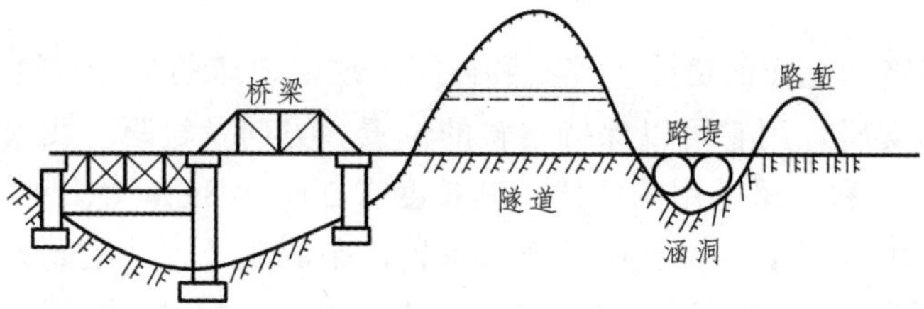

图 1-1-4　下部建筑

三、线路中心线

在绘制铁路线路的时候，如果全部绘制成双轨线会太过繁琐，此时在图上往往只绘制了一条线路，实际上这不是绘制的单轨线路，而是绘制的线路中心线。

如图 1-1-5 所示，在标准轨距 1435 mm 的两个钢轨之间存在一个中心点（图中点 a），如将钢轨纵向铺开，便可绘制出一条线路中心线，如图 1-1-6 所示。

以后在绘制铁路线路图时，部分图采用中心线绘制。

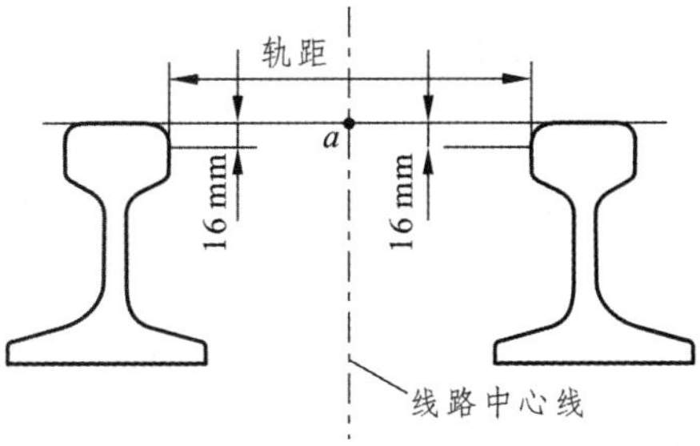

图 1-1-5　线路中点

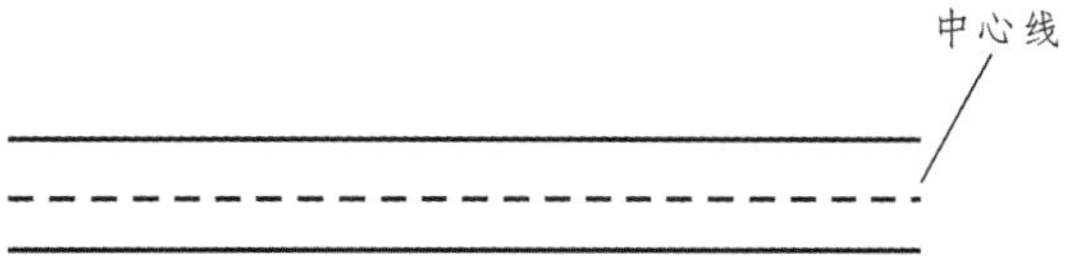

图 1-1-6　线路中心线

任务实施

1. ________________________叫线路。它是由_____________和________________组成。

2. 轨道由_________、__________、__________、_________、___________、_________等设备组成。

3. 钢轨的作用：一是_________________________；二是__________________________。

4. 钢轨的类型以____________________________表示。

5. 我国钢轨的长度有__________m 和__________m 两种。

6. 我国的标准轨距是_____________mm。

7. 在图 1-1-7 中，根据图中指示线填写相应部位的名称。

8. 在图 1-1-8 中，填写相应的数字。

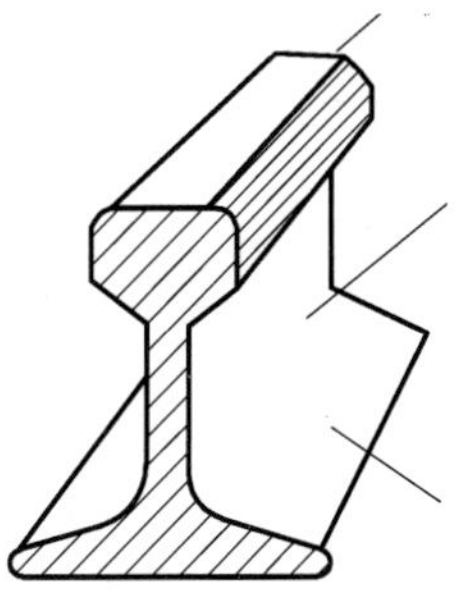

图 1-1-7　钢轨断面各部分名称

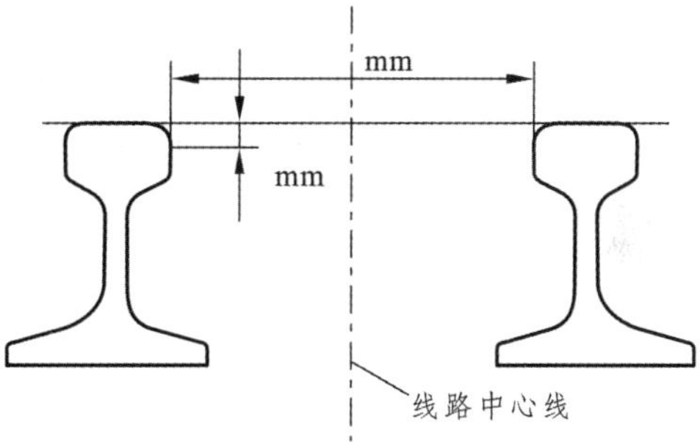

图 1-1-8　标准轨距各部分数据

思维拓展

1. 你已经知道标准轨距是 1435 mm，可当你乘坐火车时，会发现车厢的宽度远大于 1435 mm。而轨道旁边安装了许多高度不等的设备，请你思考，这个 1435 mm 的标准轨距对于轨旁设备的安装带来什么影响？

2. 你已经知道钢轨有不同的类型，且两根钢轨的连接处会有一个轨缝，如图 1-1-9 所示，图中轨缝的左侧铺设的是 70 轨，右侧铺设的是 60 轨，请你思考，这个轨缝会有什么特征？

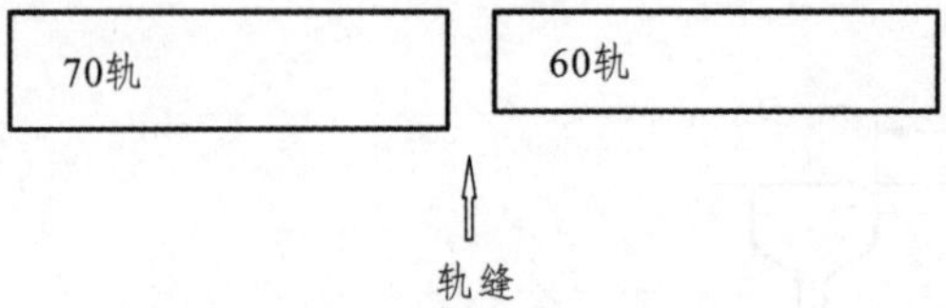

图 1-1-9　不同类型钢轨的连接

3. 铺在线路上的钢轨可以作为轨道电路的导线。假设图 1-1-10 所示为某条足够长的线路，请你选取其中 100 m 长的线路，将其两条钢轨作为导线，在一端装设一个电源和一个按钮，另一端装设一个灯泡，用按钮实现对灯泡亮灭的控制，请你尽情发挥想象来设计这个电路，你需要思考在该线路上需要添加哪些必要的辅助设备，请将你的设计绘制成原理图，并对你添加的辅助设备进行必要的命名和说明。

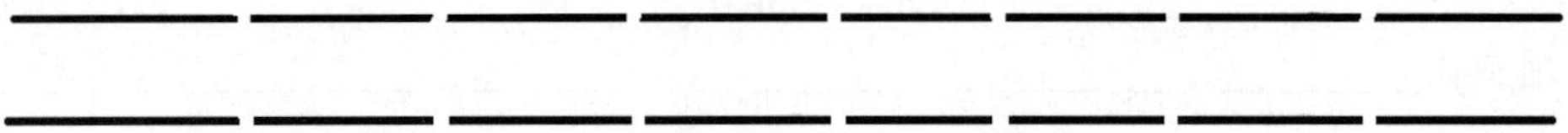

图 1-1-10　一段线路

任务二　道　岔

任务导入

道岔是铁路线路的重要组成部分，也是轨道电路的组成设备之一，且轨道电路在道岔处需要进行特殊处理，这一切都与道岔的结构密切相关。

任务目标

1. 掌握道岔的结构；
2. 掌握辙叉号的概念、公式及对列车速度的影响；
3. 掌握道岔的弯股和直股、定位和反位的概念。

相关知识

一、道岔组成

道岔是列车从一个股道转向另一个股道的转辙设备，它是铁路线路中最关键的特殊设备，也是铁路信号的主要控制对象之一。对轨道电路而言，道岔处的轨道电路需要特殊处理。

如图 1-2-1 所示，道岔有 2 根可以移动的尖轨，尖轨的外侧是 2 根固定的基本轨，与尖轨和基本轨相连接的是 4 根合拢轨，其中 2 根合拢轨是直的，2 根合拢轨是弯的（其曲线叫道岔导曲线），2 根内侧合拢轨相连的是辙叉，它由 2 根翼轨、1 个辙岔心和 2 根护轮轨组

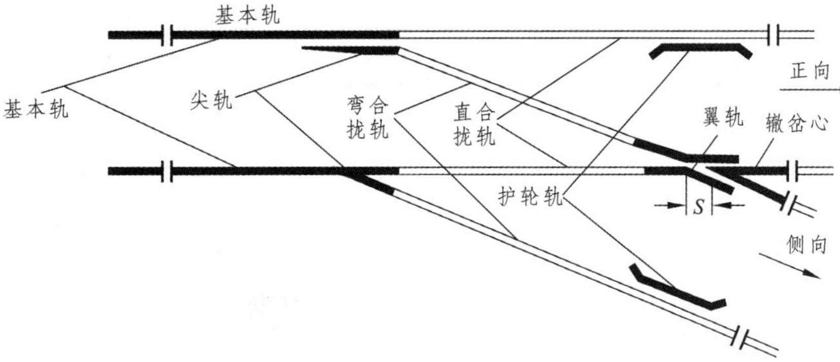

图 1-2-1　道岔示意图

成。护轮轨和翼轨是固定车轮运行方向的，因为机车车辆通过道岔时都要经过辙叉的“有害空间（图中 S）”，如果不固定车轮轮缘的前进方向，就有可能造成脱轨事故。

二、道岔的辙叉号

如图 1-2-2 所示，由辙岔心所形成的角叫辙叉角（α），它有大小之分。道岔号码（N）是代表道岔各部分尺寸的，通常用辙叉角的余切值来表示，即：

$$N = \cot\alpha = \frac{FE}{AE}$$

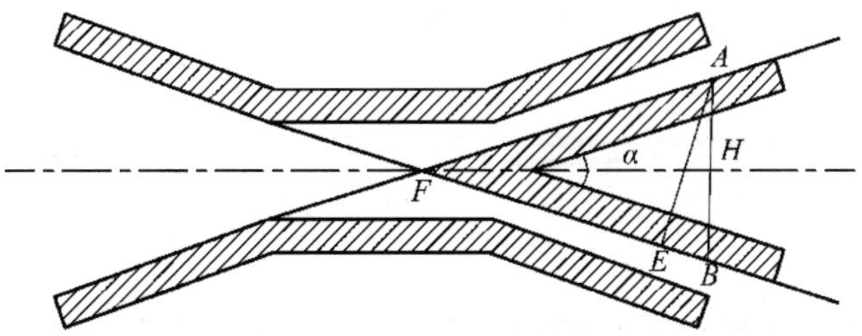

图 1-2-2　道岔号数计算示意图

由此可见，道岔号（N）与辙叉角（α）成反比关系，α 角越小，N 越大，导曲线半径也越大，机车车辆通过该道岔时就越平稳，允许过岔速度也就越高。

三、道岔的直股和弯股

道岔的简易画法如图 1-2-3 所示，图中，左侧为岔头，右侧为岔尾，通过尖轨的转换，列车从岔头向右运行时可以进入岔尾 1 或岔尾 2，当运行至岔尾 1 时，道岔开通直股，当运行至岔尾 2 时，道岔开通弯股。

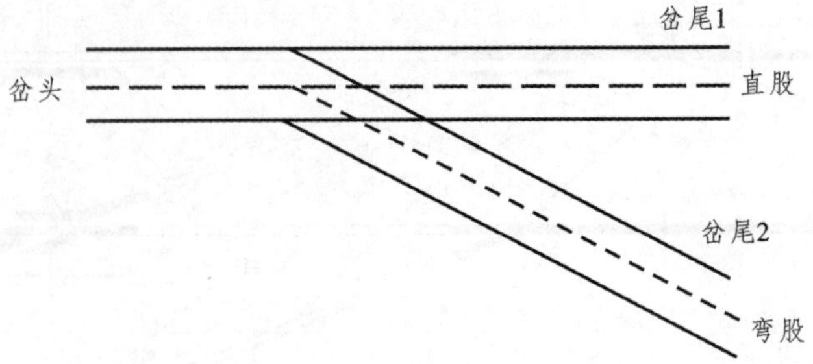

图 1-2-3　道岔简易图

四、道岔的定位和反位

由图 1-2-1 可知，道岔有两根可以移动的尖轨，一根密贴于基本轨，另一根离开基本轨，可以同时改变这两根尖轨的位置，使原来密贴的分离、原来分离的密贴，所以道岔有两个可以改变的位置。通常，把道岔常处的位置叫作定位，根据需要临时改变的位置叫作反位。为改变道岔的两个位置，在道岔尖轨处需要安装道岔转辙设备。

任务实施

1. 辙叉号（N）的计算公式：________________________________。
2. 道岔定位是指____。
3. 道岔反位是指 ____。
4. 根据图 1-2-4 中的指示线填写相应部件的名称。

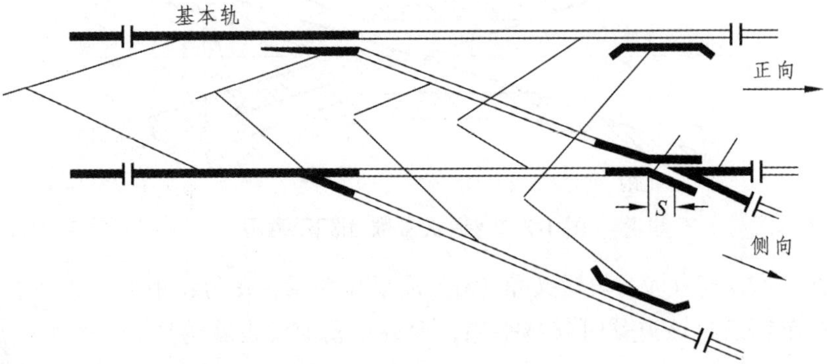

图 1-2-4　道岔各部件名称

思维拓展

如图 1-2-5 所示，你现在想从岔头处送电，然后在岔尾 1 和岔尾 2 处分别点亮两个灯泡，你需要添加哪些附属设备，对道岔做怎样的改变？请你在图 1-2-5 的基础上绘制原理图。

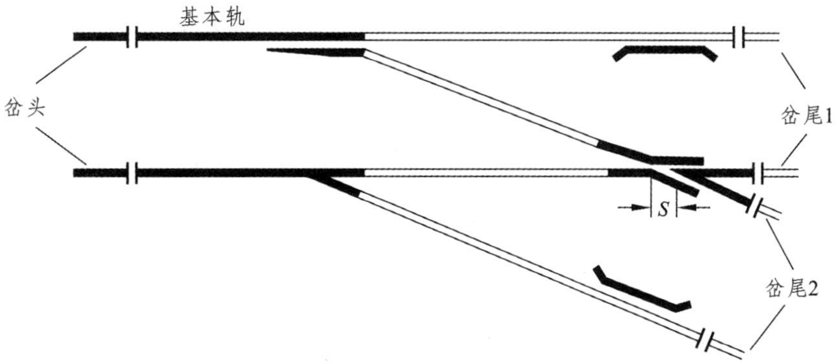

图 1-2-5　可构成电路的道岔

任务三　限界与警冲标

任务导入

限界与警冲标的设置直接影响着轨道区段的设置，掌握本任务的内容可以为后续学习做好铺垫。

任务目标

1. 掌握限界的概念和分类；
2. 掌握警冲标的作用和设置规定。

相关知识

一、限界

我们已经知道，标准轨距只有 1435 mm，而列车的实际宽度要大于 1435 mm，因此列车在运行过程中是覆盖于线路上的。如果从天空俯瞰下去，运行于钢轨上的列车如图 1-3-1 所示。

因此，为了保证列车安全运行，有以下两方面的要求，

（1）机车车辆不能太宽，否则机车车辆在运行过程中，可能会撞击线路旁的建筑或设备，从而引发行车安全事故；

（2）线路旁的建筑物或设备也不能距离线路太近，否则建筑物或设备也会与运行中的机车车辆发生相互碰撞，从而出现行车安全事故。

因此，线路两侧应明确规定两条距离线路中心有一定距离的安全线，机车车辆在制造过程中允许的轮廓尺寸不允许超出这条安全线，而轨道旁的建筑物或安装的设备也不允许

侵入到这条安全线以内。如图 1-3-2 所示的虚线就是这样一条安全线，这条虚线距离线路中心的距离就是限界。

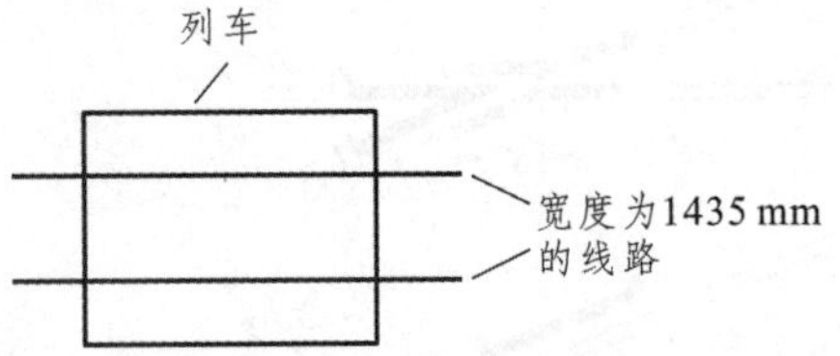

图 1-3-1　列车运行时覆盖在钢轨上的状态

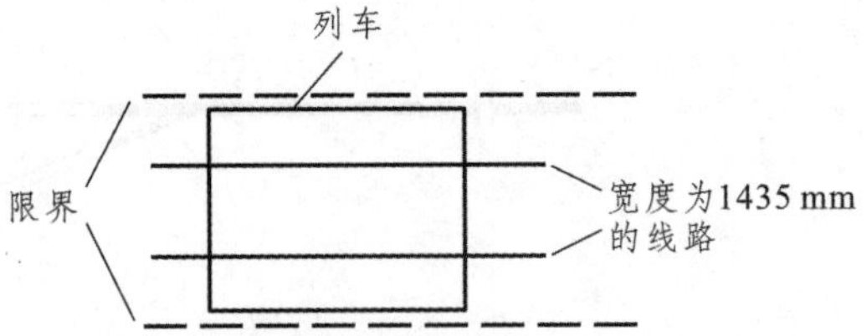

图 1-3-2　限界示意图

铁路限界的定义是：建筑物和设备以及机车车辆本身都要规定一个不得入侵或超出的轮廓尺寸，这个轮廓尺寸就是限界。

铁路限界分为建筑接近限界和机车车辆限界。

机车车辆限界，是指机车车辆不同部位的宽度、高度尺寸和零部件至轨面、铁路线路中线的距离。

建筑接近限界是指铁路线路必须保持的最小空间的截断面，以便机车车辆能安全通过。

关于限界的理解，应注意以下几点：

（1）机车车辆限界和建筑接近限界是相对的概念，也就是说，当某点的机车车辆限界缩小或放大时，其建筑接近限界也应随之放大或缩小。

（2）机车车辆在制造过程中会严格遵守相关标准，其距离轨面不同高度部分的宽度尺寸并不相同，这意味着，轨旁安装的设备高度不同时，建筑接近限界的尺寸并不相同。

（3）信号设备安装时要符合铁路限界标准的相关规定，具体可查看《铁路信号施工标准》。

二、警冲标

我们知道，道岔通过定、反位的转换来区分列车车列的不同走向，如图 1-3-3（a）所示，甲、乙两个机车距离辙叉心都比较远，两辆机车不会相撞，此时在甲车不动的情况下，乙车可以安全地向辙叉心方向移动；同样，在乙车不动的情况下，甲车也可以安全地向辙叉心方向移动。

现将甲、乙两辆机车同时向辙叉心方向移动，甲、乙两辆机车的距离会越来越近，如图 1-3-3（b）所示，会有这样一个点 a，两辆机车在该点处恰好未接触而行将接触，此时，若将甲车再向辙叉心方向移动，形成图 1-3-3（c）所示的局面，左右移动的乙车将与甲车相撞；同样，在图 1-3-3（b）的状态下，若将乙车再向辙叉心方向移动，左右移动的甲车将与乙车相撞。

因此，图 1-3-3（b）中的这个 a 点具有特殊的意义，即任何机车车辆如果侵入到 a 点内部（图中左侧），将影响相邻线路机车车辆的运行，从而发生侧冲事故；如果机车车辆未侵入 a 点内部，即位于 a 点外侧（图中右侧），则不会影响邻线机车车辆的运行。这个 a 点就是警冲标的设置位置。

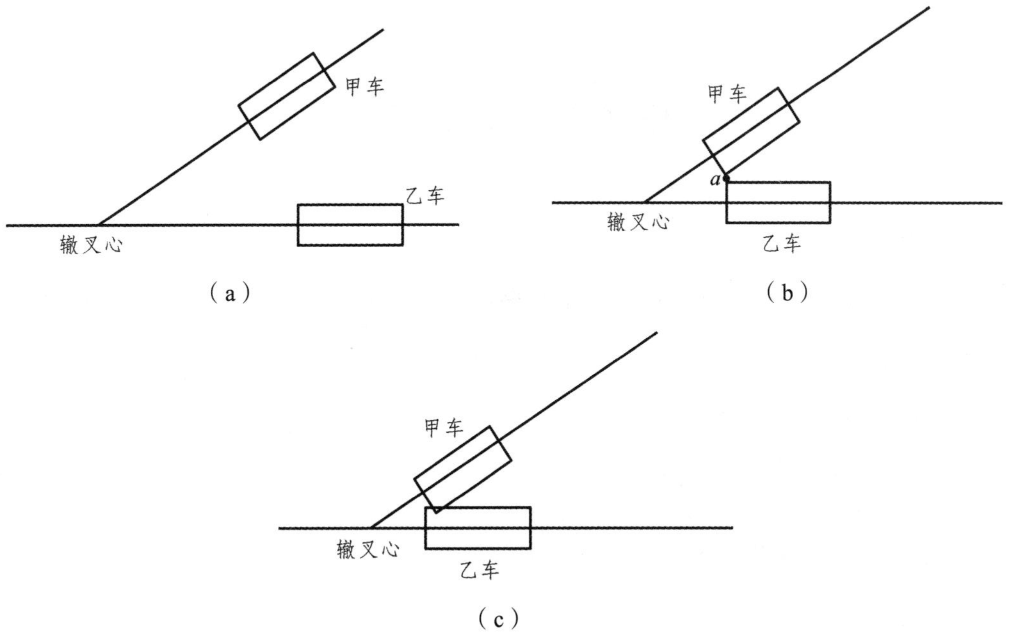

图 1-3-3　警冲标的设置地点

按照铁路信号的传统定义，两条线路汇合在一起时，在两条汇合线路中心线相距 4 m 的地方设置警冲标，如图 1-3-4 所示。

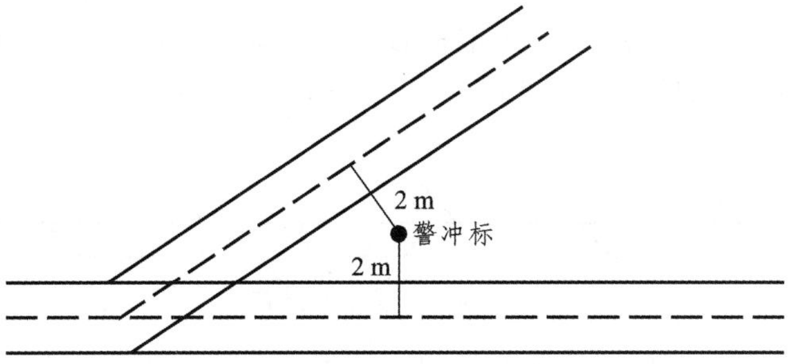

图 1-3-4　警冲标的设置

任务实施

1. 限界的定义是：____。
2. 警冲标的设置地点：____。
3. 限界包括____________限界和____________限界。
4. 限界设置的具体规定可查看《________________________》。
5. 请简述铁路限界的定义。
6. 关于限界的理解应注意哪三点？

任务四　车站结构

任务导入

铁路车站的站场结构是理解铁路轨道电路设置的基础，必须清楚认知站场的基本结构。

任务目标

1. 掌握区间和车站的概念；
2. 掌握列车上行和下行的概念；
3. 掌握股道的编号和站场结构；
4. 掌握渡线的含义以及两种渡线的基本结构。

相关知识

一、区间和车站

列车在线路上运行，为了某些特殊作业的需要（如上下旅客、装卸货物等）以及保证铁路线路必要的通过能力，需要在线路上按一定间隔设置车站，如图 1-4-1 所示，在城市 A 与城市 B 之间铺设有一条铁路线路，A 市和 B 市各设有一个车站（在图中线路的两端），同时在 A 市与 B 市之间的铁路线路上设有甲、乙、丙多个车站。

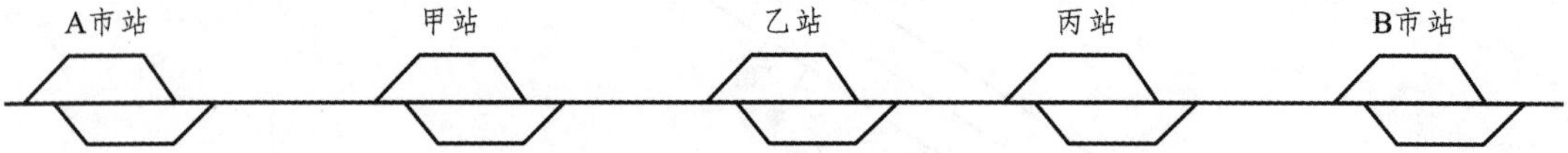

图 1-4-1　车站的设置

任意相邻两个车站之间的线路称为区间。注意，车站和区间要有明确的分界，一般以进站信号机为分界点。不设置进站信号机的线路要有站界标。

线路的通过能力，在运输专业有严格的定义与计算方法，这里可以简单地理解为单位时间（一般以 24 h 为单位）内线路上通过的列车越多，则线路通过能力越大。

关于进站信号机，请参见相关书籍。

二、上行与下行

如图 1-4-2 所示，某个区间的两端连接着甲站与乙站，列车可以从甲站经区间运行至乙站，也可以反向从乙站出发经区间运行至甲站，那么列车在同一条线路上的运行有两个完全相反的方向，这两个方向是如何定义的呢？

图 1-4-2　线路及两端车站

在某条线路上，如果其一端终点站为北京，则规定列车向着北京方向运行为上行，背离北京方向运行为下行。如图 1-4-3 所示的京沪线上，左侧为北京，右侧为上海，则当列车向左运行时（即向北京方向运行）为上行，向右运行时（即向上海方向运行，背离北京方向）为下行。

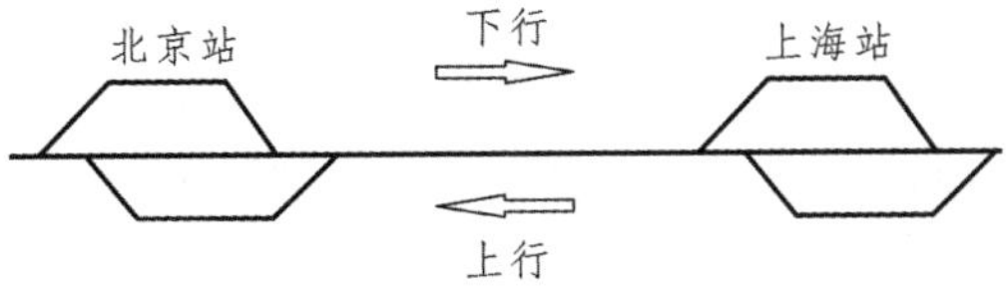

图 1-4-3　京沪线的上行与下行

但并不是所有线路的某一端都为北京，如图 1-4-4 所示的胶济线，其一端为济南，另一端为青岛，此时定义接近北京方向运行为上行，而远离北京方向运行为下行。图中，列车向左运行时（即向济南方向运行），随着列车的运行，列车距离北京越来越近，此时列车运行方向为上行；当列车向右运行（即向青岛方向运行）时，随着列车的运行，列车距离北京越来越远，此时列车运行方向为下行。

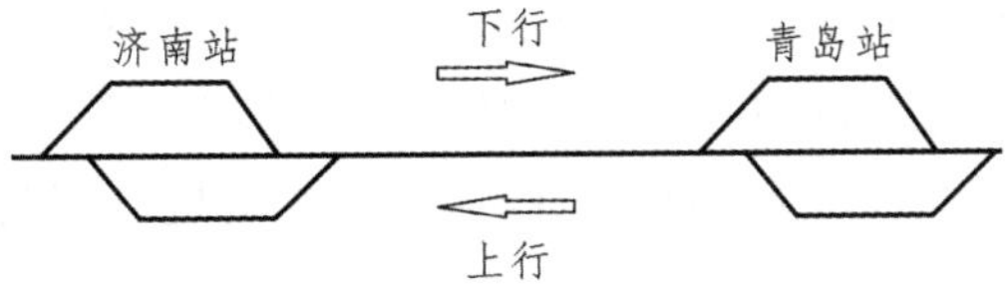

图 1-4-4　胶济线的上行与下行

三、里程和设备坐标

线路上的任何设备都需要定位，这涉及线路里程的概念。里程定义是：以线路上行终点为零点（0），每一点的坐标是沿线路至零点的距离（单位：m）。

信号设备安装在铁路线路旁边，一般称为轨旁设备，每种设备都需要一定的坐标，区间设备的坐标为设备安装点的里程，站内设备的坐标为设备安装点至信号楼中心的距离（单位：m）。信号楼的概念见下述。

四、站场结构

在某线路上有一个车站，列车经本站向左、右的两个终点站运行，如图 1-4-5 所示的京沪线上的济南站，线路左侧终点为北京，右侧终点为上海，此时，列车经过济南站向左运行为上行，向右运行为下行。

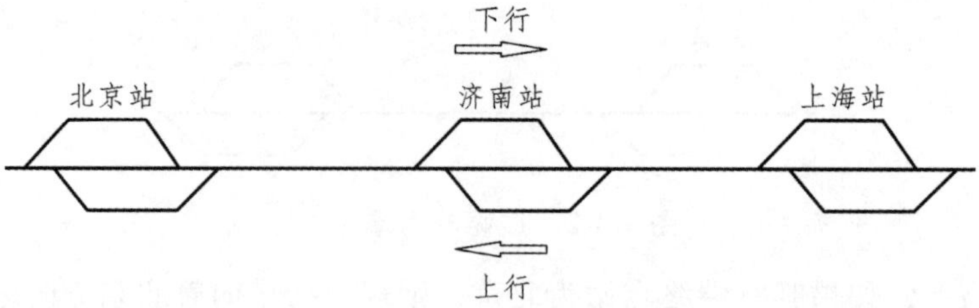

图 1-4-5　京沪线上的济南站

（一）信号楼

信号楼实体为一座楼，其中主要包括行车室和放置信号控制设备的机械室。现代铁路信号系统大部分采用集中控制，即信号系统的控制设备和逻辑运算设备集中放置在一处，这个地方就是机械室，机械室内的信号设备与室外的信号设备之间采用信号电缆连接。

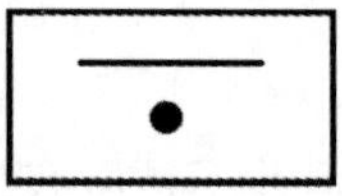

图 1-4-6　信号楼图标

信号楼在车站结构图纸上的图标如图 1-4-6 所示。其中，外框代表信号楼，其间的横线代表控制台，黑点代表车站值班员，车站值班员操作时要面向站场，因此信号楼的上部总是车站站场，如果信号楼在图纸上方，信号楼的图标要转 180°。

（二）单线区段车站与双线区段车站

一条线路最常见有两种情形：一是单线线路，比如从 A 站到 B 站只有一条铁路线路；二是双线线路，比如从 C 站到 D 站有两条（双线）铁路线路。

单线线路时，对应区间为单线区间；双线线路时，对应区间为双线区间。

如图 1-4-7 所示，济南站的左侧为北京方向（即上行方向），右侧为上海方向（即下行方向），济南站为单线区段车站。

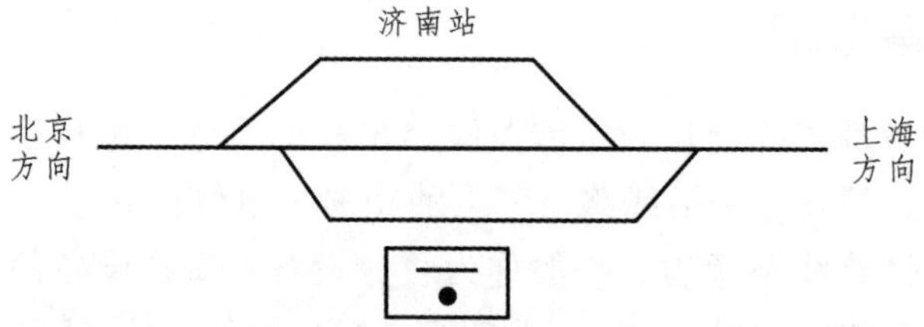

图 1-4-7　单线区段车站

图 1-4-7 中，中间并排的三条线路称为股道，其中与左、右区间相连的中间股道称为正线，两侧股道称为侧线。单线区段车站的股道命名有以下规定：

（1）命名格式为“编号+G”。

（2）从近信号楼股道向远信号楼股道依次编号。

（3）正线采用罗马数字表示，侧线采用阿拉伯数字表示。

对图 1-4-7 加上股道名称后如图 1-4-8 所示。

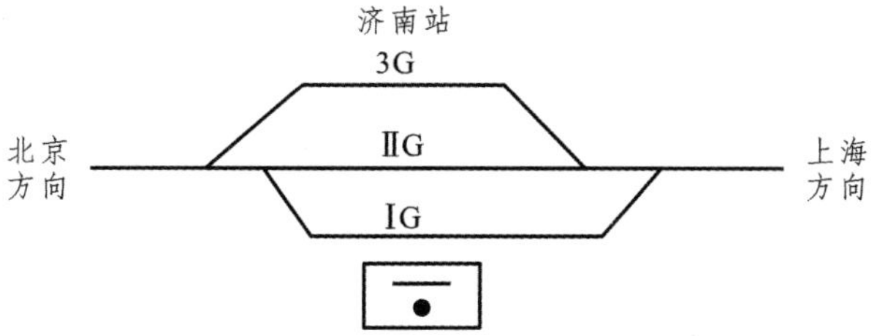

图 1-4-8　单线区段车站的股道编号

如图 1-4-9 所示，济南站为双线区段车站。图中，中间并排的四条线路为股道，和区间相连的两条线路为正线，两侧的线路为侧线。由于我国铁路采用左侧行车制，因此上面两条线路主要用于下行列车，称为下行股道；下面两条线路主要用于上行列车，称为上行股道。

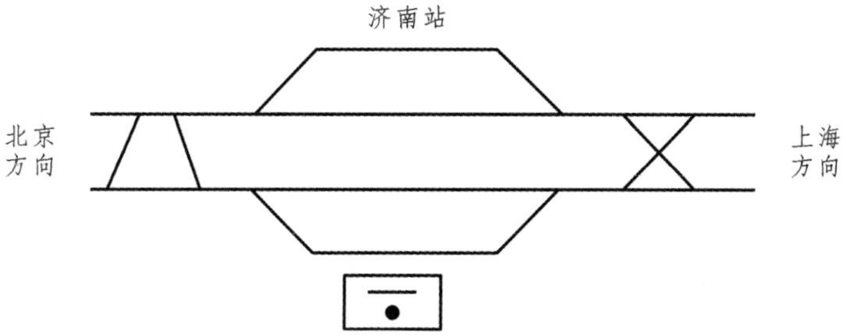

图 1-4-9　双线区段车站

双线区段车站的股道命名有以下规定：

（1）命名格式为“编号+G”。

（2）下行股道编号为单数，从正线向外依次编号。

（3）上行股道编号为双数，从正线向外依次编号。

（4）正线采用罗马数字，侧线用阿拉伯数字。

图 1-4-9 加上股道名称后如图 1-4-10 所示。

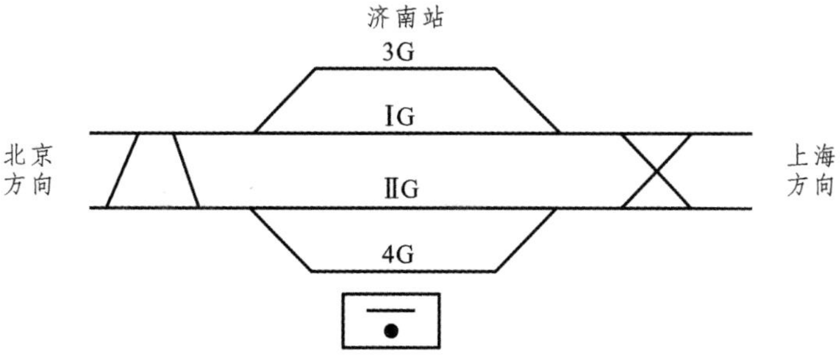

图 1-4-10　双线区段车站的股道编号

如图 1-4-11 所示，对济南站而言，左侧为北京方向（即上行方向），右侧为上海方向（即下行方向）。图中，X、XF、S、SF 为进站信号机，虚线标识处为股道，股道编号如图所示，主要用于停靠列车或车列；股道头部设有出站信号机，分别为 XⅠ、SⅠ、XⅡ、SⅡ、X3、S3、X4、S4，出站信号机一般位于岔后警冲标外 3.5 ~ 4 m 处。

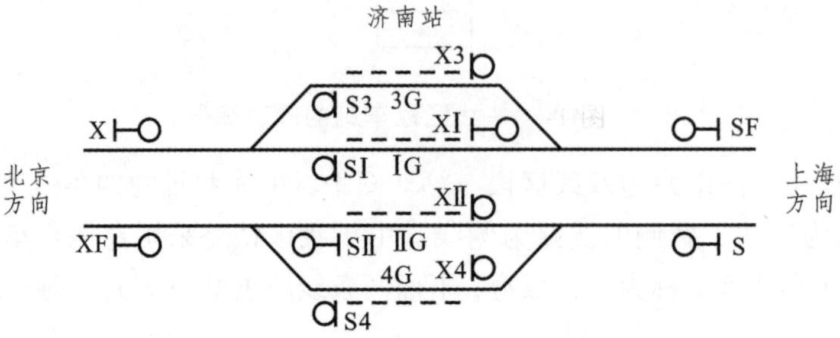

图 1-4-11　上、下行方向

并排的一系列股道将站场分成左、右两个部分，位于同一部分的进站信号机到出站信号机之间的部分称为咽喉区，也称为岔群区。

列车从区间经某咽喉区进入本站股道，若列车为下行运行，则该咽喉为下行咽喉；若列车为上行运行，则该咽喉为上行咽喉，相关术语如图 1-4-12 所示。

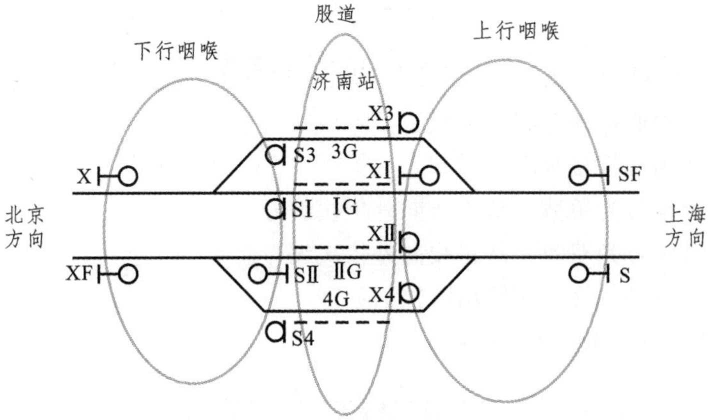

图 1-4-12　车站结构相关术语

按照惯例，在车站结构图中，一般上行方向、下行咽喉在左侧。

（三）股道允许运行方向

在车站站场中，某些股道允许列车向左或向右双向运行，但并不是所有股道都允许双向运行，在站场图形中会在股道上方用箭头标注出允许的运行方向，如图 1-4-13 所示，图中，ⅠG 只允许下行运行，ⅡG 只允许上行运行，3G 和 4G 允许双向运行。

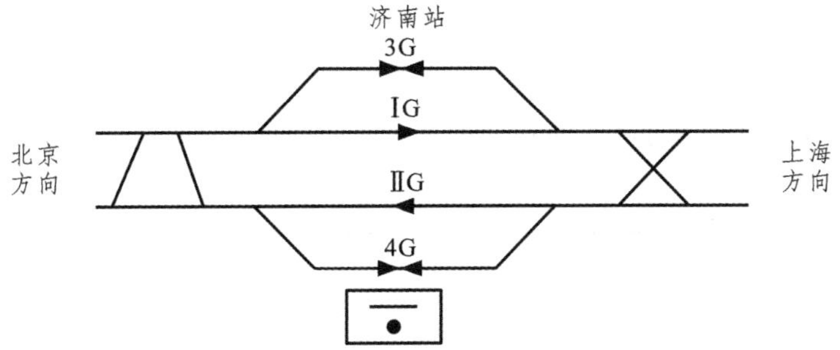

图 1-4-13　股道允许运行方向

五、渡线

如图 1-4-14 所示，图中，上面一条线路 *AB*，下面一条线路 *CD*，线路 *AB* 与线路 *CD* 平行，通过一条两端有 1 号道岔和 3 号道岔的线路 X 将两条平行线路联系起来，若两个道岔定/反位开通位置适当时，机车车辆可以从线路 *AB* 运行至线路 *CD*，这样联系两条平行线路之间的线路称为渡线。

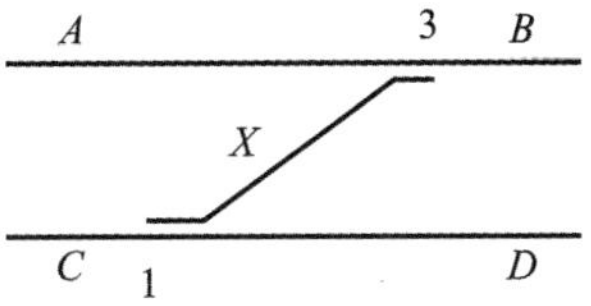

图 1-4-14　渡线

在图 1-4-14 中，机车车辆可通过渡线 *X* 从 *C* 点运行至 *B* 点，也可以从 *B* 点运行至 *C* 点，但是无法在 *A* 点与 *D* 点之间运行。于是，便有了以下的两种渡线类型：

（1）如图 1-4-15 所示，通过平行线路 *AB* 和 *CD* 间的两组渡线 *X* 与 *Y*，可以实现 *B* 点与 *C* 点、*A* 点与 *D* 点之间的机车车辆运动，这种相对的一对渡线 *X* 与 *Y* 呈“八”字形，称为八字渡线。左侧的渡线 *X* 称为“八字第一笔”，右侧的渡线 *Y* 称为“八字第二笔”。

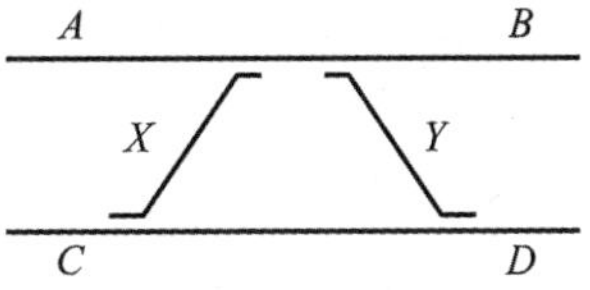

图 1-4-15　八字渡线

（2）如图 1-4-16 所示，通过两条平行线路间交叉的两组渡线 *X* 与 *Y* 同样可以实现 *B* 点与 *C* 点、*A* 点与 *D* 点之间的机车车辆运动，这种渡线称为交叉渡线。

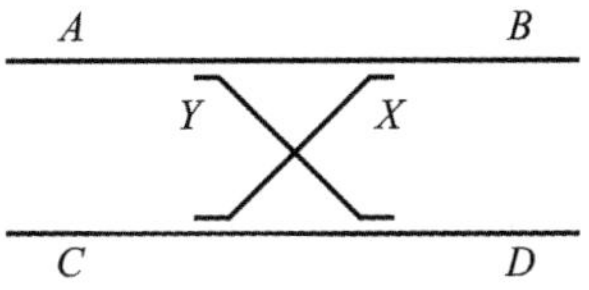

图 1-4-16　交叉渡线

任务实施

1. 请将正确内容填入表 1-4-1 的右栏中。

表 1-4-1　填空

<table>
<tr><th>类型图</th><th>名称</th></tr>
<tr><td>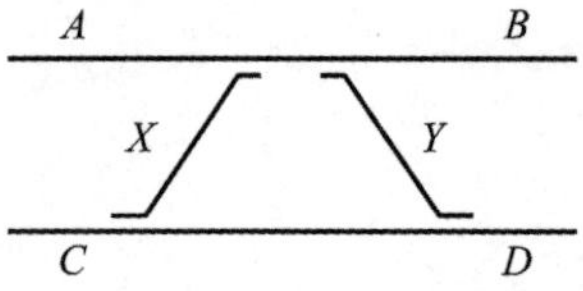
</td><td></td></tr>
<tr><td>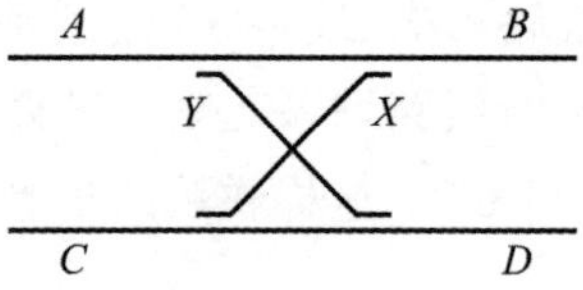
</td><td></td></tr>
</table>

2. 列车运行的上、下行是如何定义的？
3. 渡线的作用是什么？
4. 简述股道的命名，分别按照单线区段车站和双线区段车站进行阐述。
5. 在图 1-4-17 中的空白处填写相应的车站相关术语。

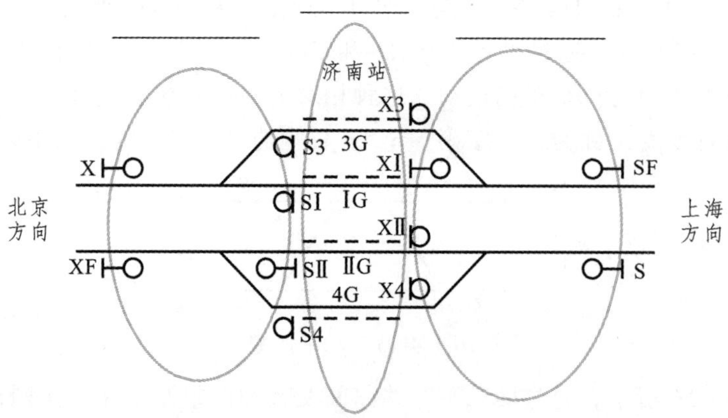

图 1-4-17　车站相关术语填充图

思维拓展

查阅有关信号机的相关书籍资料，试阐述站内信号机是如何命名的。

任务五　轨道区段

任务导入

轨道区段存在的原因及列车在其上的运行原则是轨道电路的理论基础，理解本任务的内容将是真正理解轨道电路的开始。

任务目标

1. 掌握列车冲突事故的类型；
2. 掌握列车迎面冲撞事故和追尾事故的防护方法；
3. 掌握轨道区段的特性；
4. 掌握列车基本运行逻辑。

相关知识

一、列车安全防护

如图 1-5-1 所示，甲、乙两地有一条线路 *L*，列车可以从甲地出发经线路 *L* 运行至乙地，也可以从乙地出发经线路 *L* 运行至甲地。

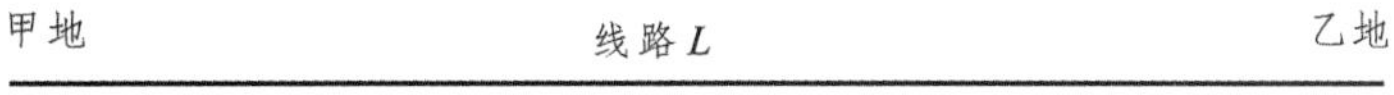

图 1-5-1　甲乙两地的一条铁路线路

列车在运行时，可能出现以下事故情形：

（1）如果有列车 *A* 从甲地出发进入线路 *L*，此时则不允许再有列车 *B* 从乙地发车进入线路 *L*，否则两列车可能头部相撞，这种事故叫作列车迎面冲撞事故，如图 1-5-2 所示。

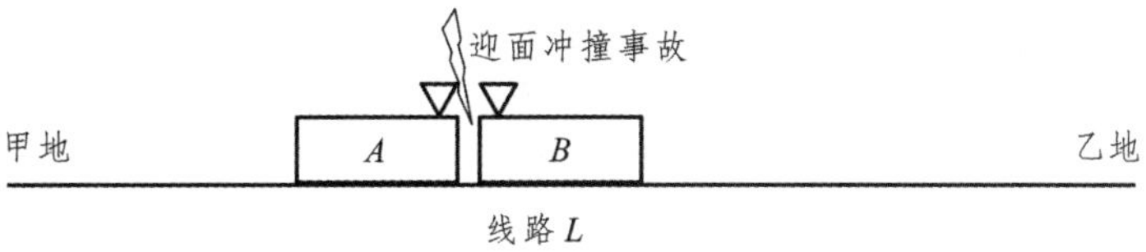

图 1-5-2　列车迎面冲撞事故

（2）如果有列车 *A* 从甲地出发进入线路 *L*，此时则不允许再有列车 *B* 从甲地出发进入线路 *L*，否则一旦列车 *B* 的运行速度快于列车 *A*，则列车 *B* 的头部可能撞击列车 *A* 的尾部，这种事故叫作列车追尾事故，如图 1-5-3 所示，这种情况称列车 *B* 追踪列车 *A* 运行。

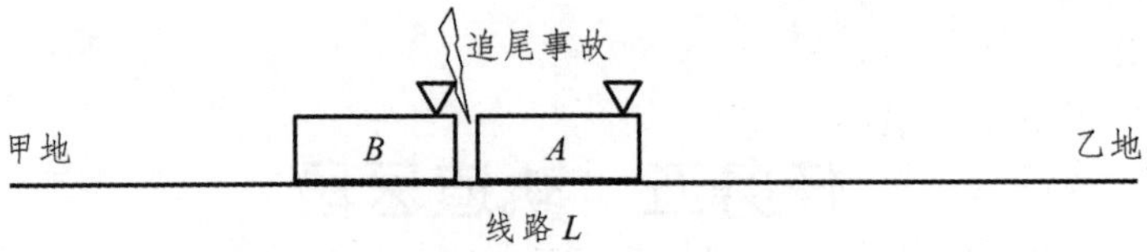

图 1-5-3　列车追尾事故

也就是说，在线路上运行的列车，既要防护列车头部又要防护列车尾部。

（3）还有一种事故类型，如本项目任务三中的图 1-3-3（c）所示，称为侧面冲突事故。

以上三种事故合称为列车冲突事故。

为了防止迎面冲撞事故的发生，现在甲地和乙地再建设一条铁路线路，在一条线路上列车只允许按一个方向运行，如图 1-5-4 所示。

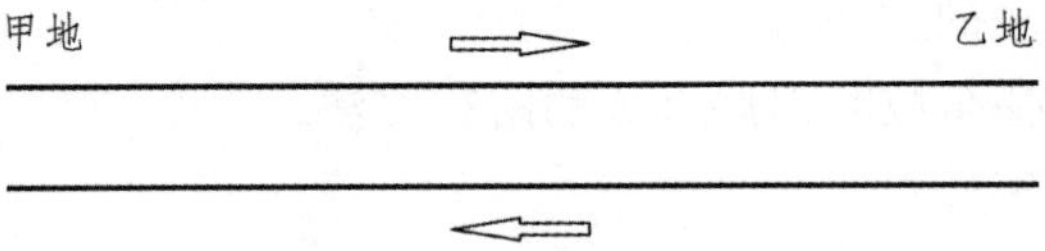

图 1-5-4　双线线路

按照中国铁路标准，中国铁路为左侧行车制，因此，在图 1-5-4 中，上面的线路允许从甲地开往乙地的列车运行，下面的线路允许从乙地开往甲地的列车运行。这样，图 1-5-4 中上面的线路不允许列车从乙地向甲地运行，就可以有效防止迎面冲撞事故的发生；从甲地开往乙地的同一时刻只允许一列列车运行，就可以有效防止追尾事故的发生；只有从甲地出发的本次列车完全到达乙地后，才再次允许其他列车从甲地出发经上面的线路运行至乙地。

上述方案虽然能有效避免列车冲突事故的发生，但这样一来，铁路的运输效率就太低了，怎么解决呢？

二、轨道区段

如图 1-5-5 所示，丙地和丁地之间有一条线路 *N*，只允许列车从丙地出发经线路 *N* 运行至丁地，不允许列车反向运行。

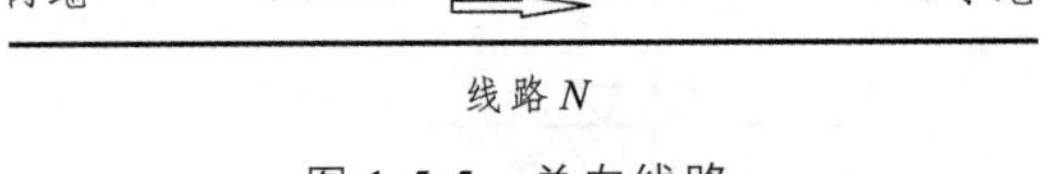

图 1-5-5　单向线路

为了提高运输效率，提出了解决方案，如图 1-5-6 所示，将线路 *N* 划分为若干区段，这些区段称为轨道区段。

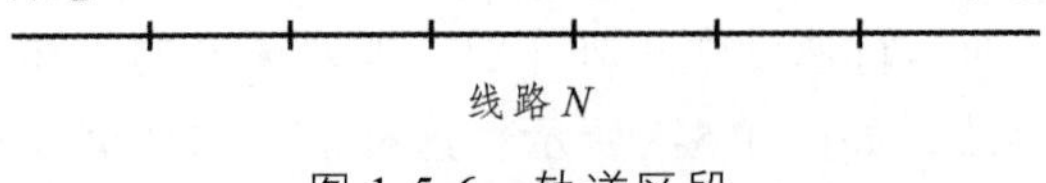

图 1-5-6　轨道区段

轨道区段上有列车运行时，要满足以下条件：

（1）某区段内无机车车辆时，才允许机车车辆进入。

（2）若某区段内已有机车车辆，则不允许其他机车车辆进入该区段。

（3）如果某区段内有机车车辆，则只有本区段的机车车辆完全从本区段出去后，才允许其他机车车辆进入本区段。

区段内无车，称为区段空闲。区段内有车或机车车辆从外部进入本区段，称为区段占用。机车车辆从本区段出去，称为区段出清。

这种机制是如何防护列车追踪运行安全的呢？如图 1-5-7 所示。丙地和丁地之间的线路 N 被划分为多个区段，标号分别为 1 ~ 5。B 车追踪 A 车运行，现在 A 车同时占用区段 3 和区段 4，因为此时区段 3 被 A 车占用，后续追踪的 B 车绝不允许跨越区段 2 与区段 3 之间的分界点 x 进入区段 3，只有 A 车按规定方向向丁地运行，并完全从区段 3 出清后，才允许 B 车向区段 3 运行；如果 A 车迟迟没有从区段 3 出清，B 车需要在 x 点左侧停车，这样便保证了行车安全。

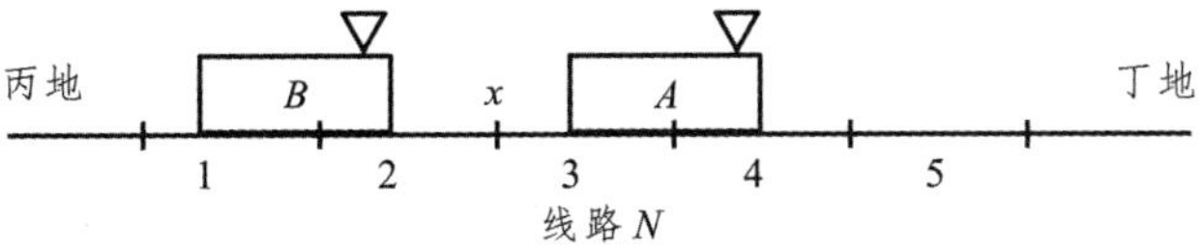

图 1-5-7　轨道区段对追踪列车的防护

三、列车基本运行逻辑

在图 1-5-7 中我们已经看到，列车在线路上运行，可以同时占用一个或多个轨道区段，具体占用多少个，与列车的长度和轨道区段的长度有关。但占用和出清必须满足图 1-5-8 所示的关系。

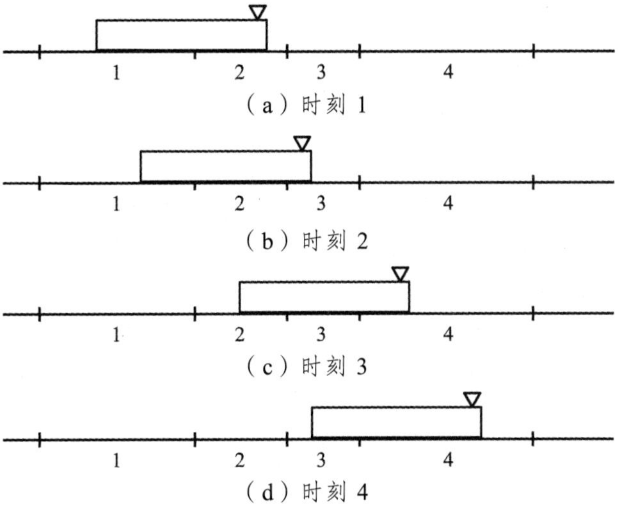

图 1-5-8　列车基本运行逻辑

在图 1-5-8（a）所示的时刻 1，列车占用区段 1 和区段 2；在图 1-5-8（b）所示的时刻 2，列车连续占用了区段 1、区段 2 和前方的区段 3；在图 1-5-8（c）所示的时刻 3，列车连续占用了区段 3 和前方的区段 4，同时，列车从区段 1 出清；在图 1-5-8（d）所示的时刻 4，列车又从区段 2 出清。

总结起来，列车运行时必须：① 连续逐段占用前方区段；② 连续逐段出清后方区段。也就是说，列车不允许跨区段跳跃。

任务实施

1. 列车冲突事故的类型有哪些？各有什么特点？
2. 轨道区段是如何防护追踪列车运行安全的？
3. 列车基本运行逻辑是什么？

思维拓展

你已经知道如何防护列车追踪运行安全，请你思考并回答以下两个问题：

1. 轨道区段被列车占用或者出清，轨道区段是如何感知的呢？
2. 如何指挥后续追踪的列车运行呢？也就是说，用什么方式允许或禁止后续列车进入本区段呢？

提示：可以在两个轨道区段的分界点边上站立一个人，这个人手里拿着红色和绿色两种旗帜，当他看见前方区段有车时，便举起红色旗帜代表禁止后续列车进入前方区段，当他看见前方区段没有车时，便举起绿色旗帜代表允许后续列车进入前方区段。

任务六　铁路信号系统

任务导入

在上一任务中，我们介绍了轨道区段，当某个机车车辆占用某个轨道区段后，绝不允许其他机车车辆侵入本区段。这里面临三个问题：第一，轨道区段是如何感知本区段内是否有列车占用或出清；第二，如何禁止或允许后续列车进入本区段，即需要一个指挥行车的指令；第三，轨道区段的占用或出清状态如何与指挥行车的指令之间产生联系，这是何种关系？另外，本项目任务二中提到道岔是转辙设备，那它是如何实现转辙的？（这里涉及铁路信号系统，本任务对铁路信号系统不展开叙述，有需要的读者请参见有关“车站信号控制系统”和“区间信号控制系统”的相关书籍。）

任务目标

1. 掌握铁路信号的作用；
2. 充分理解联锁的概念。

相关知识

一、铁路信号的作用

铁路信号的作用体现在以下 4 个方面：

（1）保证行车安全，这是铁路信号最基本、最重要的作用。从铁路信号诞生之日起，保证行车安全便是铁路信号的天然使命，可以概括为，铁路信号可以减少事故次数、降低事故等级、缩小事故损失和承担事故转移。

（2）提高运输效率，这是在保证第（1）条作用的前提下，最能体现铁路尤其是现代高速铁路的优势之处。

（3）改善作业人员的劳动强度，这是铁路信号在保证行车安全、提高运输效率的前提下产生的附加作用。

（4）铁路信号是现代综合国力尤其是技术水平的体现。现代铁路从建设到运营无处不需要强大综合国力的支撑。

二、铁路信号室外三大设备

铁路信号室外三大设备是指信号机、转辙机和轨道电路。

信号机的作用是指挥机车车辆的运行。信号机从结构上有高柱和矮型之分，其图形符号如图 1-6-1 和图 1-6-2 所示。

从应用的角度分类，站内信号机分为列车信号机和调车信号机；区间信号机为通过信号机。调车信号机用于站内调车。列车信号机又分为进站信号机和出站信号机等。进站信号机位于区间和车站的分界处，出站信号机位于股道头部，参见图 1-4-11。

转辙机用于道岔转换，其种类较多。转辙机安装于道岔尖轨上，其符号表示如图 1-6-3 所示。

图 1-6-1　高柱信号机图形

图 1-6-2　矮型信号机图形

图 1-6-3　转辙机的图形符号

轨道电路是本书的重点，在以后的任务中逐步讲解。

三、联锁的概念

铁路信号室外三大设备并不是毫无关系独立运行的，它们之间存在着相互制约的关系，这个关系称为联锁关系。

长久以来，联锁关系运算是以铁路安全型继电器为运算器件进行逻辑运算的，这套设备称为继电联锁设备，最经典就是 6502 电气集中设备。

在现代铁路信号系统中，相当一部分的联锁关系运算由计算机实现，这样的系统称为计算机联锁系统。

无论是何种联锁系统，最终控制的对象仍然是室外三大设备，这些设备均为电气设备，均需要电源，所以，铁路信号系统的核心设备还包括电源屏。

电源屏与室外三大设备的关系如图 1-6-4 所示。

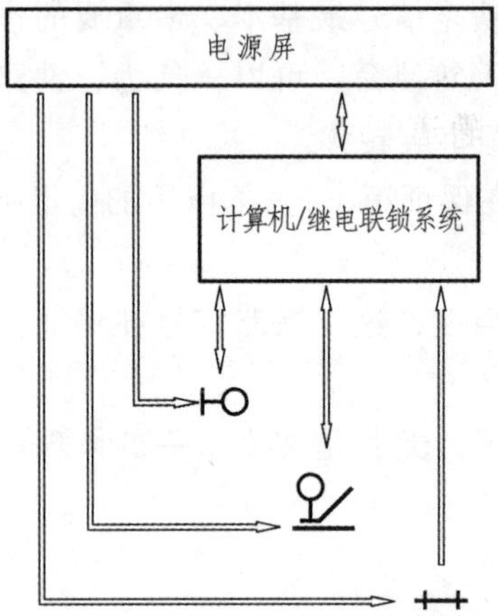

图 1-6-4　车站信号控制系统

有关联锁的知识不是本书重点内容，请读者参见“车站信号控制系统”方面的相关书籍，这里不再赘述，在后续内容的讲解中涉及具体问题时，再具体讲述。

任务实施

1. 铁路信号室外三大设备包括：____________、____________和____________。
2. 铁路信号设备之间存在着相互制约的关系，这个关系称为__________关系。

思维拓展

联锁关系并不是铁路信号所特有，在现实生活中，联锁关系随处可见，比如升降电梯的运行状态与电梯门的开关之间就存在这样的关系。请将合适选项填入以下空格内。

当电梯运行过程中，__________（允许，不允许）打开电梯门，只有电梯停稳后才__________（允许，不允许）打开电梯门，电梯门打开后，__________（允许，不允许）电梯运行，只有电梯门关闭后，才__________（允许，不允许）电梯运行。

任务七　铁路信号电源

任务导入

铁路信号电源是铁路信号设备得以正常工作的基础，是铁路信号系统正常运行的保证，也是铁路运输安全的基本保障。

任务目标

1. 掌握信号电源可靠、稳定和安全的概念；
2. 掌握铁路信号设备负荷的分级和铁路信号电源可靠性分类；
3. 掌握铁路信号设备的供电方式；
4. 掌握铁路信号供电系统的特点和组成；
5. 掌握继电器电源、(480)轨道电路电源、25 Hz 相敏轨道电路电源的电压和频率特征；
6. 掌握用电源正负极绘制电路简化图的方法。

相关知识

铁路信号设备对供电系统的基本要求是可靠，稳定和安全。

一、信号电源的可靠性

可靠是指电源必须不间断供电。为了科学、合理、高效地运用铁路信号供电系统，将信号设备划分为不同的负荷等级，根据不同电力负荷使用不同种类的电源。

（一）铁路信号设备负荷的分级

根据供电可靠性的相关要求，电力负荷分为一级负荷、二级负荷和三级负荷。

一级负荷定义为中断供电将引起人身伤亡、主要设备损坏和造成运输秩序混乱的负荷，如大站继电联锁、计算机联锁等。

二级负荷是指偶尔短时停电不会马上打乱行车计划，但是长时间停电会影响运输秩序的负荷，如小站继电联锁；

其余为三级负荷。

（二）铁路信号电源按可靠性分类

铁路信号电源根据可靠性程度分为三类：第一类电源，取得两路可靠独立电源，其中一路为专盘专线，或虽然不能取得专用电源但能由其他重要线路接引供电；第二类电源，能取得一路电源，但质量较好，应与第一类电源相同；不能满足第一类、第二类电源条件的为第三类电源。

（三）铁路信号设备的供电方式

一般来说，一级负荷采用第一类电源，若一级负荷所在区为第二类电源区，一般可采用该电源作为主电源，但必须设置备用电源；一级负荷原则上不采用第三类电源。

二级负荷可以采用第二类电源，但必须设置备用电源。

二、信号电源的稳定性

稳定是指必须保持电压的波动在允许的范围内，具体指标请参见《铁路信号维护规则》的规定。

三、信号电源的安全性

安全是指必须具备保证生产安全、设备安全和人身安全的措施。例如，信号设备电源要对地绝缘，以防止信号设备误动作；高压设备要隔离，以保证人身安全等。

四、铁路信号供电系统的特点

铁路信号供电系统的特点是：

（1）电压等级低，变（配）电所结构单一。

（2）系统接线形式简单。

（3）供电可靠性要求高。

五、铁路信号供电系统的组成

铁路信号供电系统是铁路供电系统的重要组成部分，主要由铁路地区的变（配）电所、输出馈线和信号电源屏组成。

电能从发电厂经地区的变（配）电所由输出馈线分配至各车站的电源屏，再由电源屏经过相关的变换处理输送到信号设备。

六、信号电源屏

铁路信号电源屏自 20 世纪 60 年代出现，普遍称其为普通电源屏，从 2000 年开始推出了智能电源屏。

智能电源屏采用模块化结构和电力电子技术，除具有供电功能之外还具有实时监测、报警、记录、打印和故障定位等功能。

现行的铁路和城市轨道交通信号控制系统中，大多采用智能电源屏。

七、智能电源屏的供出电源种类

智能电源屏采用模块化结构，可根据需要组合成继电联锁电源屏、驼峰电源屏、区间电源屏或综合电源屏。各种电源屏的相关要求请参见《信号电源屏系列标准》。

电源屏输出的电源种类根据实际需要而定，这里只介绍与本书相关的三种。

（1）继电器电源（KZ，KF）：直流 24 V。

（2）（480）轨道电路电源（GJZ220，GJF220）：交流 220 V，50 Hz。

（3）25 Hz 相敏轨道电路需要两种电源：

① 轨道电源（GJZ220，GJF220）：交流 220 V，25 Hz；

② 局部电源（JJZ110，JJG110）：交流 110 V，25 Hz。

其中局部电源的相位超前轨道电源相位 90°。

如何理解每种电源后跟随的括号中的符号，如继电器电源为 KZ 和 KF？这里，继电器电源为一种直流电源，假设用其点亮一个额定电压为直流 24 V 的灯泡，电路如图 1-7-1 所示。

图 1-7-1 中将直流继电器电源输出的正、负极表示为 KZ 和 KF，可将图 1-7-1 进一步简化为图 1-7-2。

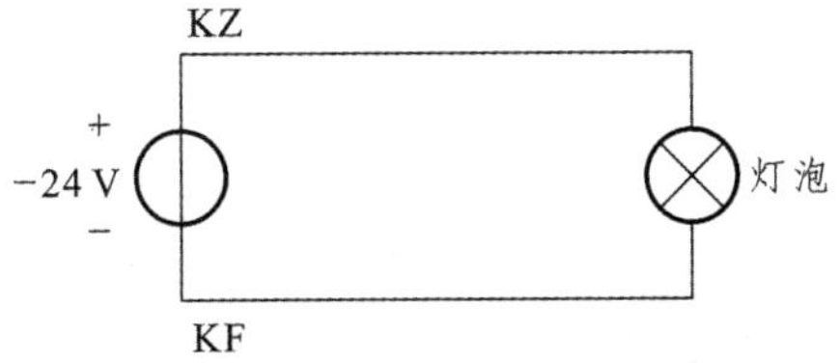

图 1-7-1　继电器电源点亮灯泡的电路

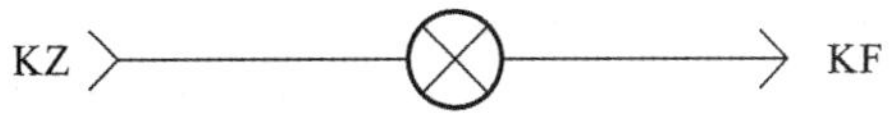

图 1-7-2　继电器电源点亮灯泡的简化电路

在铁路信号相关的电路图中，大多采用图 1-7-2 所示的简化电路图。

注意，交流电没有正负之分，如 25 Hz 轨道电路电源的 GJZ220 和 GJF220，只是表征其为交流 220 V 恒压源输出的两极，其电位差为 220 V。

任务实施

1. 电源的可靠性是指：________________________________。
2. 电源的稳定性是指：________________________________。
3. 电源的安全性是指：________________________________。

思维拓展

请绘制使用 25 Hz 相敏轨道电路的轨道电源点亮一个额定功率为交流 220 V 的灯泡的电路图和简化电路图。

项目二　铁路信号安全型继电器

知识导图

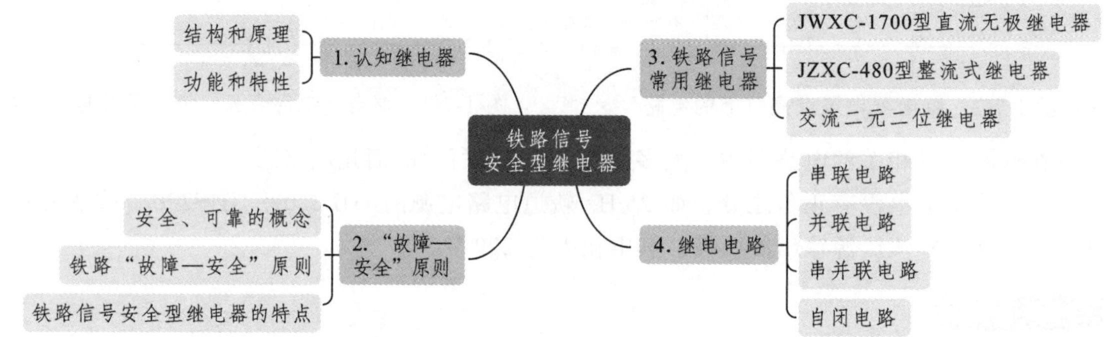

项目描述

安全型继电器由于其自身机械特性所固有的安全性和可靠性备受铁路信号设计者青睐，无论是在车站信号控制系统、区间信号控制系统还是在驼峰信号控制系统中，均随处可见其身影，尤其是在车站信号控制系统中，即使在传统的继电联锁已被计算机联锁取代的今天，安全型继电器仍是进行室外信号设备控制的重要基础设备。

安全型继电器不同于一般的工业控制用继电器，它具有独特的结构特点、机械特性和电气特性，且种类繁多，本项目以基本的 JWXC-1700 型无极继电器为基础阐述其结构特点，并介绍两种与本课程密切相关的 JZXC-480 型整流式继电器和交流型二元二位继电器。

学习目标

1. 掌握继电器的结构、功能和基本原理；
2. 掌握继电器的电气特性曲线和电气特性参数；
3. 基于继电器培养基本的联锁观念，充分理解"故障—安全"原则；
4. 掌握铁路信号安全型继电器如何实现"故障—安全"原则；

5. 掌握 JWXC-1700 型直流无极继电器、JZXC-480 型整流式继电器和交流二元二位继电器的特性、符号；

6. 掌握继电电路的组成和特点。

能力目标

1. 能用继电器搭建基本的“与”和“或”逻辑电路，能搭建串、并联电路；
2. 能用“跑电路”的方法分析继电器电路。

素质目标

1. 培养分析问题和解决问题的能力；
2. 树立“安全第一”的责任意识，培养“精益求精”的工匠精神；
3. 培养不断探索的学习精神和勇于创新、敢于创新的精神。

任务一　认知继电器

任务导入

继电器作为信号控制系统中最基本的控制器件和逻辑运算器件，其基本原理仍满足通用继电器的基本理论，本任务将站在通用继电器的角度介绍继电器的结构、原理、功能和电气特性。

任务目标

1. 掌握继电器的基本结构和原理；
2. 掌握继电器的功能和电气特性。

相关知识

继电器是一种多组接点的电气开关，它通过给线圈通电或断电，产生一定的磁力带动开关（接点）接通或断开。

一、继电器的基本结构和动作原理

如图 2-1-1 所示，电磁继电器由电磁系统和接点系统两部分组成。电磁系统包括线圈、铁芯和衔铁；接点系统包括受拉杆带动的中接点和固定不动的前接点、后接点。

图中，中接点由拉杆连接至衔铁，可跟随衔铁上下运动，称为动接点；前接点和后接点固定不动，称为静接点。

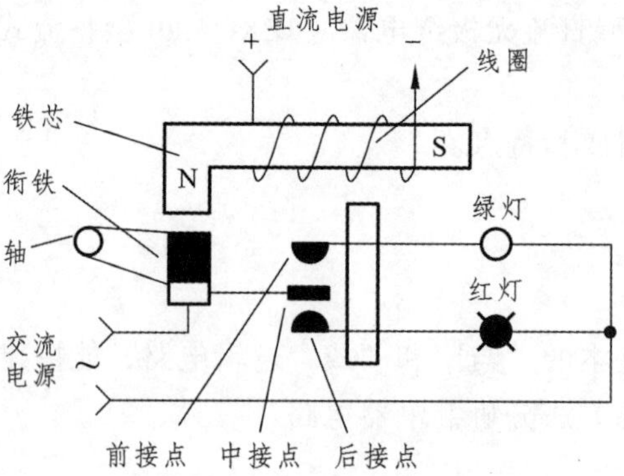

图 2-1-1　继电器的结构

图中，衔铁头部的黑块称为重锤片，当线圈未接入电源时，铁芯并未产生磁力，此时衔铁在头部重锤片的重力作用下带动中接点向下运动，从而使中接点与后接点闭合，称为继电器落下，此时交流电源供出的交流电经中、后接点闭合点亮红灯，如图 2-1-2 所示。

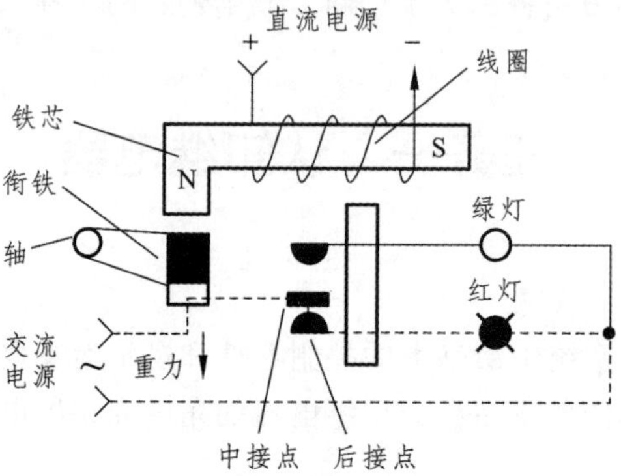

图 2-1-2　继电器落下

当线圈接入电源，铁芯产生磁力吸引衔铁克服重锤片的重力向上运动，从而带动中接点与前接点闭合，称为继电器吸起，此时交流电源供出的交流电经中、前接点点亮绿灯，如图 2-1-3 所示。

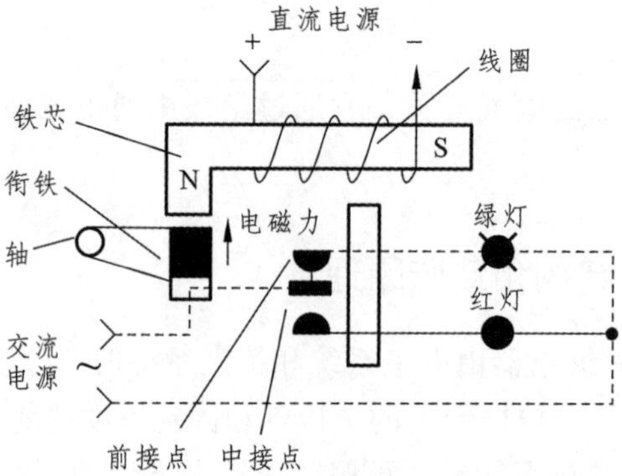

图 2-1-3　继电器吸起

二、继电器的功能

继电器有以下主要功能。

（一）控制功能

可以用较小功率的电信号控制继电器动作，由继电器控制较大功率的执行设备动作。如图 2-1-4 所示，在房间 2 中运行着额定电压为 20 kV 的大功率设备，现在需要对它进行启停控制，由于其工作电压过高，工人若在其附近操作会有危险，因此，其启停开关用一台继电器代替，在房间 1 中设有该继电器的直流 24 V 工作电源和控制开关，这样，通过房间 1 中的开关便可以控制房间 2 中的继电器吸起或落下，从而控制大功率设备的启停。

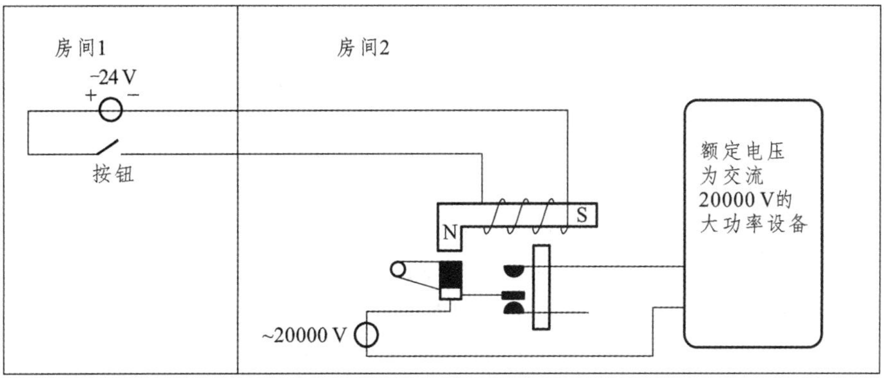

图 2-1-4　继电器的控制功能

（二）中继功能

当控制命令的发送端与执行端相距较远时，会出现控制信号衰减。可将控制信号传递给继电器进行中继放大后，继续向远端传输。如图 2-1-5 所示，甲地和乙地相距较远（假设相距几百千米），从图中可见，只要甲地的按钮闭合，乙地的红灯就会点亮。

图 2-1-5　远距离传输信号

甲、乙两地相距较远，两地间铺设的用于传输信号的电缆存在较大电阻，当甲地按钮按下后，传输至乙地红灯上的电压可能只剩下 1 V，其余 23 V 均消耗在电缆上，这样就无法使红灯点亮。为此可采取以下措施：在甲地和乙地之间的丙地设置一台继电器，如图 2-1-6

所示，当甲地按下按钮，电压经甲、丙之间的电缆传输至丙地，丙地继电器线圈两侧可能还有 21 V 电压，这足以使继电器吸起，然后，在继电器的前接点和中接点之间再加一个直流 24 V 电源，经继电器吸起后点亮乙地的红灯。图中继电器起到了中继作用，如果一个中继继电器不能使红灯点亮，可以再级联继电器作为二级中继、三级中继等。

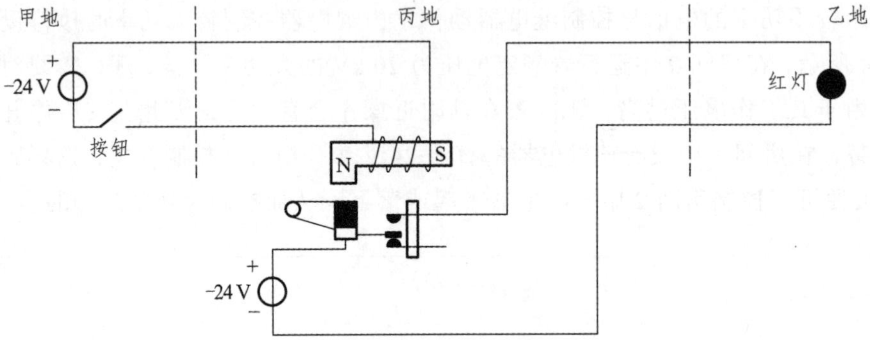

图 2-1-6 继电器的中继功能

（三）逻辑运算功能

可以用继电器组成逻辑复杂的二值逻辑电路，构成强大的自动控制系统。

你还记得“数字电子”课程中学习过的“与”门吗？“与”逻辑是，只有两个输入同时为“真（1）”时，其输出才为“真（1）”，“与”门如图 2-1-7 所示，只要输入 *A*、*B* 均为“真”时，输出 *Y* 才为“真”。

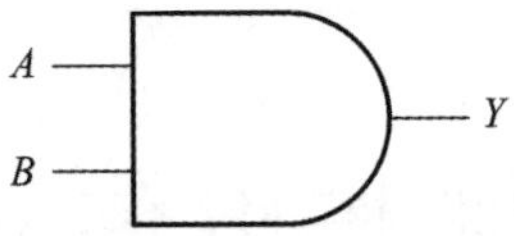

图 2-1-7 “与”门

下面用继电器实现一个“与”门，为此定义：继电器的额定电压为直流 24 V，电源采用项目一任务七中介绍的 KZ 和 KF，同时定义，24 V 输入为高电平，即为逻辑“真”；0 V 输入为低电平，即为逻辑“假”。这里需要三台继电器，其中两个作为输入，另一个作为输出，其电路如图 2-1-8 所示。当 *A* 输入为“假”，即低电平时，继电器 Relay 1 不会吸起，从而 *a* 点与 *b* 点断开，继电器 Relay 3 不会吸起，输出 *Y* 为“假”；当 *B* 输入为“假”时，继电器 Relay 2 不会吸起，从而 *c* 点和 *d* 点断开，继电器 Relay 3 也不会吸起，输出 *Y* 仍为“假”；只有当 *A* 输入为“真”、*B* 输入为“真”，即均为高电平 24 V 时，*a* 点与 *b* 点、*c* 点与 *d* 点构通，从而继电器 Relay 3 吸起，输出 *Y* 为“真”。这样，用继电器就实现了“与”门。

此外，继电器还有放大功能、隔离功能等，这里不再赘述。

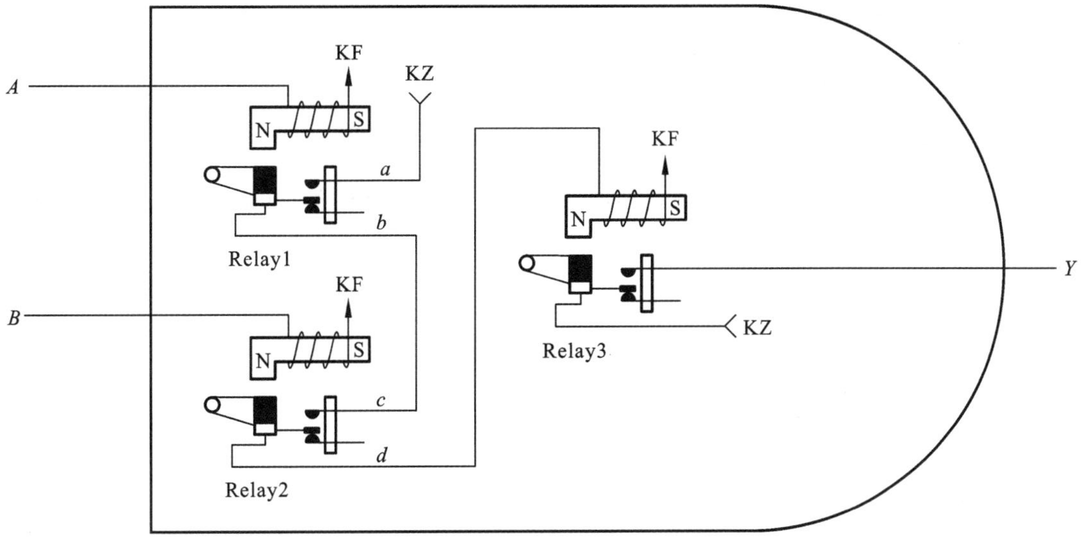

图 2-1-8　继电器实现的“与”门

三、继电器的电气特性

（一）继电器的电气特性曲线

继电器的电气特性曲线如图 2-1-9 所示，其中，X 为继电器的输入（本书所讨论的继电器输入均为直流电压信号，在其他特殊应用场景中，X 可以是温度、流量、压力或液位等），Y 为继电器的输出，Y_0 为继电器落下状态，Y_1 为继电器吸起状态。

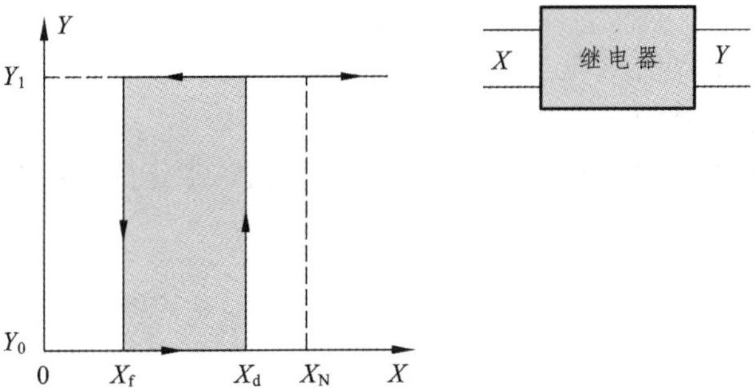

图 2-1-9　继电器的电气特性曲线

这里，我们将 X 输入的电压从 0 V 开始逐步升高，初始时 $Y=Y_0$，继电器不会动作；当电压达到 X_f 时，继电器仍不会动作；当 $X=X_d$ 时，电磁吸力开始大于重锤片的重力，此时继电器吸起，输出 $Y=Y_1$。但这时继电器并不能可靠吸起，为了确保继电器可靠吸起，X 需要继续增大，当 X 达到 X_N 时，继电器便能可靠吸起。

接下来将 X 的电压从 X_N 处开始下降，当经过 X_d 时继电器不会落下，只有当 X 下降到 $X=X_f$ 时，继电器才开始落下，此时 $Y=Y_0$。

（二）继电器的电气特性参数

以下是电磁继电器的主要电气特性参数：

1. 额定值（X_N）

额定值（X_N）是继电器正常工作所必须接入的电压，不同类型的继电器，其额定值要求的交直流类型和电压值可能会不同。

2. 工作值（X_d）

工作值（X_d）即衔铁吸起、中接点与前接点闭合并满足规定的接点压力时，继电器所需接入的最小电压值。一般来说，$X_d/X_N = 0.7 \sim 0.8$，例如，额定值 X_N =24 V 的直流继电器，$X_d = 0.7X_N$ =16.8 V。

3. 释放值（X_f）

X_f 也称为释放值，即继电器落下、中接点与前接点断开时线圈的最大电压值。

4. 返还系数

X_f/X_d 称为返还系数，返还系数越高，说明继电器越灵敏，工作越可靠。可以这样理解，假如 $X_d - X_f = \alpha$，若 α 非常小，当继电器输入 X 从额定值下降到 X_f 时，继电器落下，此时只要将输入电压 X 稍微增加 α，便可以使 X=X_d，继电器可靠吸起；若将 X 稍微减小 α，便又可以使继电器可靠落下，继电器变得非常灵敏。

除非进行特殊处理，返回系数很难达到 1。

任务实施

1. 请绘图描述继电器的原理。
2. 请详细论述继电器的三个主要功能。
3. 请将下列名称填入图 2-1-10 的空白处：额定值、工作值、释放值、继电器吸起、继电器落下。

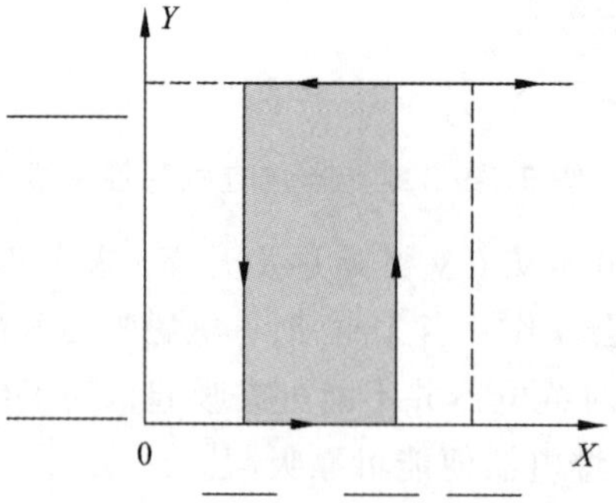

图 2-1-10　填写继电器的主要电气参数

4. 现有两台同样额定电压的直流继电器 Relay 1 和 Relay 2，其相关参数如下所示：

Relay 1：$X_N = 24$ V，$X_f = 7.2$ V，$X_d = 18$ V。

Relay 2：$X_N = 24$ V，$X_f = 12$ V，$X_d = 16.8$ V。

请问：这两台继电器哪个更好用？根据你的理解说明理由。

思维拓展

请绘制一个由继电器实现的“或”门并做简要分析。

任务二　铁路“故障—安全”原则与安全型继电器的特点

任务导入

铁路信号的基本作用是保证行车安全，而行车安全与设备的可靠性密切相关。

任务目标

1. 掌握可靠、故障、安全的概念；
2. 掌握“故障—安全”原则；
3. 掌握铁路安全型继电器是如何实现“故障—安全”原则的。

相关知识

一、“故障一安全”原则的基本概念

1. 可靠性

可靠性是指元件、产品或系统在一定的时间内，在规定的条件下无故障地执行相关功能的能力。设备可靠性越高越不容易损坏。

2. 故障

故障是由于元件或系统的机械部件、电气部件或软件的损坏造成的系统或元件相关功能的丧失。

3. 安全性

安全性是指在规定的条件下，在规定的时间内系统不陷入危险状态的性能。

二、铁路“故障一安全”原则的含义

安全是铁路运输永恒的主题，是铁路信号的第一责任，从铁路信号诞生之日起便担负起了确保铁路运输安全的责任。这里的安全包含两方面的含义：

第一，铁路信号设备正常工作，未发生故障时要确保铁路运输安全，并且铁路信号设备必须具有高可靠性。

第二，即便铁路信号设备出现故障也要保证行车安全，即要求铁路信号设备满足“故障—安全”原则。

三、“故障—安全”原则的实现

在项目一任务五的“思维拓展”环节中给出了以下思考题目：

（1）轨道区段被列车占用或出清，轨道区段如何感知？

（2）如何指挥后续追踪的列车运行？

该题目给出一个提示，让一个工作人员站在两个区段的分界处，用手中的红、绿旗帜指挥行车。这里，我们提出一种更加符合“故障—安全”原则的方案：

在两个区段的分界点处设置一个信号机，有红、绿两种显示，红灯表示停车，绿灯表示允许通行，这样工作人员的工作得以简化，他仅需要负责观察本区段是否有车即可。工作人员的手中有一个按钮，控制一台继电器，用继电器的接点点亮红灯或绿灯，如图 2-2-1 所示。

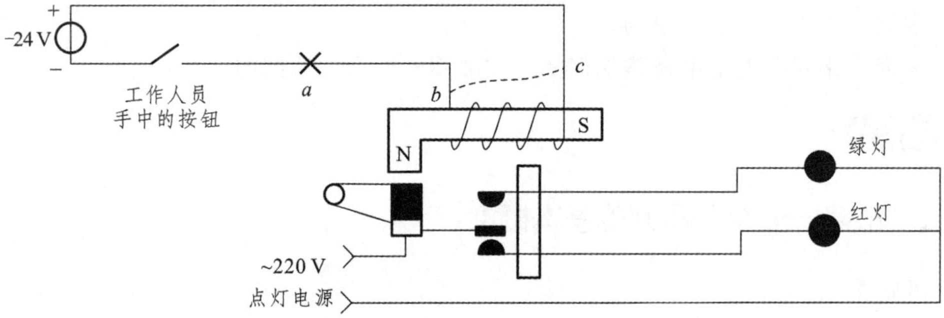

图 2-2-1　继电器控制信号机电路

图 2-2-1 所示的控制电路就满足“故障—安全”原则，分析如下：

（1）当设备正常工作、本区段无车占用时，工作人员按下按钮点亮绿灯，允许后续列车通行；当设备无法正常工作或本区段有车占用时，工作人员抬起按钮便点亮红灯。

（2）现假设在电路的 *a* 点处断线，则无论按钮如何操作，继电器在重力作用下永远处于落下状态，信号机只能点亮红灯，从而禁止列车通行，以保证行车安全。

（3）若 *b* 点与 *c* 点之间短路，线圈两侧不会有电压，电磁铁不会产生吸力，继电器在重力作用下不会吸起，信号机也只能点亮红灯，从而禁止列车通行，以保证行车安全。

图 2-2-1 所示电路便实现了“故障—安全”原则。可以看到，“故障—安全”原则的实现有以下两个特点：

（1）信号机可以显示禁止信号（红灯）和允许信号（绿灯），系统故障时，总是将信号显示为使列车停止运行的红灯，这里故障时显示的红灯称为安全侧。

（2）“故障—安全”原则的实现是以具有非对称错误特性的铁路信号安全型继电器为基础的。

四、铁路信号安全型继电器的特点

铁路信号安全型继电器具有非对称错误特性，这里起关键作用的是重锤片。重力是任何物体都具有的物理特性，由于这种特性，当电路发生断路、短路和停电等故障时，这种继电器必然会因重力而处于落下状态，将这个落下状态与铁路信号系统的安全侧相对应，从而发生故障时自动将铁路信号系统导向安全侧。

任务实施

1. 请详细阐述你对“故障—安全”原则的理解。
2. 请详细论述安全型继电器如何将铁路信号系统导向安全侧。
3. 请分析：在图 2-2-1 中，如果使用继电器的前接点点亮红灯、后接点点亮绿灯，能否实现“故障—安全”原则？

思维拓展

请用一个按钮和一台安全型继电器设计一个电梯运行控制装置，要求能实现“故障—安全”原则。这里将电梯停止运行作为安全侧。

任务三　铁路信号常用继电器

任务导入

铁路信号控制系统使用的继电器种类繁多，绝大部分属于安全型继电器，本任务介绍与轨道电路密切相关的三种安全性继电器：第一种是 JWXC-1700 型直流无极继电器，它是铁路信号安全型继电器的基本类型；第二种是 JZXC-480 型整流式继电器，它是学习工频连续式轨道电路的基础；第三种是交流二元二位继电器，它是学习 25 Hz 相敏轨道电路的基础。

任务目标

1. 掌握直流无极继电器的结构、原理和电气特征；
2. 掌握直流无极继电器的表示和接点编号；
3. 掌握整流式继电器的结构和原理；
4. 掌握 JZXC-480 型整流式继电器的图形符号和接点编号；

5. 了解二元二位继电器的结构和原理；
6. 掌握二元二位继电器的图形符号。

相关知识

一、直流无极继电器

这里介绍的直流无极继电器是指 JWXC-1700 型直流无极继电器。

（一）直流无极继电器的结构

JWXC-1700 型直流无极继电器由电磁系统和接点系统两大部分组成，其电磁系统的结构如图 2-3-1 所示，接点系统如图 2-3-2 所示。

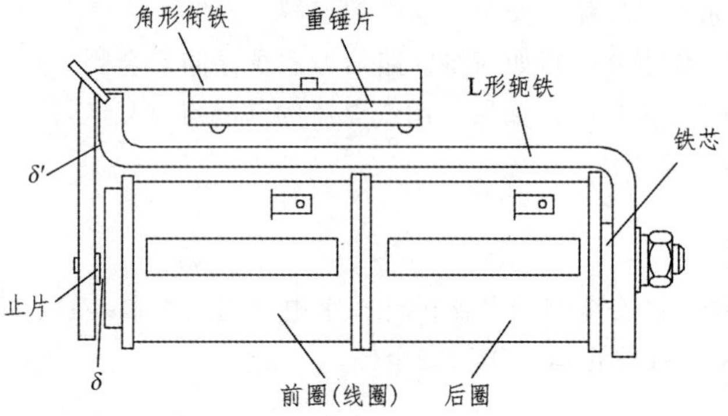

图 2-3-1　无极继电器的电磁系统

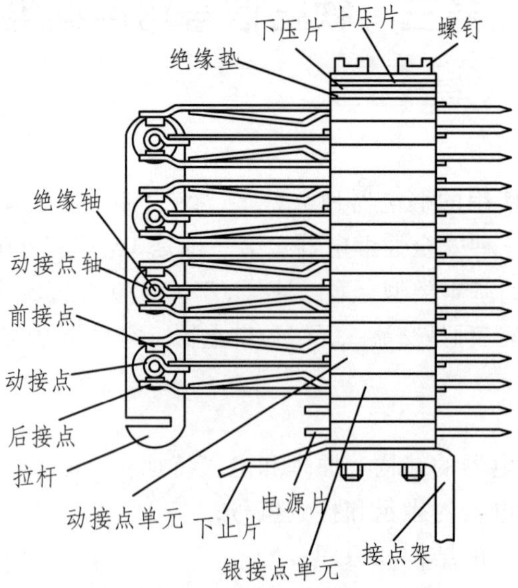

图 2-3-2　无极继电器的接点系统

1. 电磁系统

如图 2-3-1 所示，电磁系统由线圈、铁芯、轭铁、衔铁、重锤片、止片等组成。

1）线圈

线圈水平安装在铁芯上，分为前圈和后圈（前圈用 3-4 表示，后圈用 1-2 表示）。采用双线圈的目的主要是为了增强控制电路的适应性和灵活性。线圈绕在线圈架上，线圈架由酚醛树脂压制而成。线圈用高强度漆包线密排绕制，抽头焊有引线片。

2）铁芯

铁芯由电工纯铁制成，为软磁材料，具有较高的磁通密度和较小的乘磁。它的外层镀锌防护。继电器的规格不同，其铁芯的尺寸大小也不同。极靴在铁芯头部，用冷镦法加粗。

3）轭铁

扼铁呈 L 形，由电工纯铁板冲压成型，外表镀多层铬防护。

4）衔铁

衔铁由电工纯铁冲压成型，为角形，靠蝶形钢丝卡固定在轭铁的刀刃上。

5）重锤片

铆在衔铁上的重锤片由薄钢板制成。线圈断电时，继电器衔铁靠重力返回。重锤片的基片数量由继电器的后接点组数决定，一般 8 组后接点用 3 片基片，6 组用 2 片，4 组用 1 片，2 组不用。后接点组数越多，其片数越多，以保证继电器落下时，动接点对后接点有足够的压力。

6）止片

止片由黄铜制成，安装在衔铁与铁芯闭合处的衔铁上，用以增大继电器在吸起状态时的磁阻，减小剩磁影响，保证继电器可靠落下。止片的厚度因继电器的规格不同而异，共有 6 种，可取下按规格更换。

2. 接点系统

接点系统如图 2-3-2 所示，无极继电器的接点系统采用两排纵列式联动结构，它处于电磁系统上方，通过接点架、螺钉紧固在轭铁上，两者成为一个整体；用螺钉将下止片、电源片、银接点单元、动接点单元以及压片按顺序组装在接点架上；用拉杆将动接点与衔铁连接在一起。

1）电源片单元

电源片单元由黄铜制成的电源片压在胶木内组成。电源片一端（继电器里侧）和继电器线圈连接，另一端（继电器外侧）与继电器插座相连。

2）银接点单元

银接点单元由锡磷青铜带制成的接点片与由黄铜制成的托片组成，两组对称地压制在胶木内。在接点簧片的端部焊有银接点（前接点或后接点）。接点接触时碰撞会产生颤动，颤动将形成电弧，对接点有较大的破坏作用，为消除这种颤动，必须设置托片。

3）动接点单元

动接点单元由锡磷青铜带制成的动接点簧片与黄铜板制成的补助片组成，它们压制在酚醛塑料胶木内。动接点簧片端部焊有动接点，动接点由银氧化镉制成。

4）下止片

下止片由锡磷青铜板制成，外层镀镍，它在衔铁落下时起限位作用。

5）压片

压片由弹簧钢板冲压成弓形，分上、下两片，其作用是保证接点组的稳固性。

6）拉杆

拉杆一般由塑料制成，拉杆上设有绝缘轴，动接点轴套在拉杆的绝缘轴上。衔铁通过拉杆带动接点组动作。

绝缘轴用冻石瓷料制成，有足够的抗冲击强度。动接点轴由锡磷青铜线制成。

7）接点架

接点架由钢板制成，用稳钉与扼铁固定，保证接点架不变位。

（二）直流无极继电器的动作原理

如图 2-3-3 所示，在线圈上通以直流电源后，线圈中的电流 I 使铁芯磁化，在铁芯内产生工作磁通 Φ，它从铁芯极靴处经过主工作气隙 δ 进入衔铁，又经过第二工作气隙 δ'进入轭铁，然后回到铁芯，形成一闭合磁路。在工作气隙 δ 处，由于磁通 Φ 的作用，铁芯与衔铁间产生电磁吸引力 F_D，当 F_D 大到足以克服机械负载的阻力 F_j（主要是衔铁自重和接点的弹力）时，衔铁就会动作，与铁芯吸合，此时衔铁通过拉杆带动动接点动作，使后接点断开、前接点闭合接通。

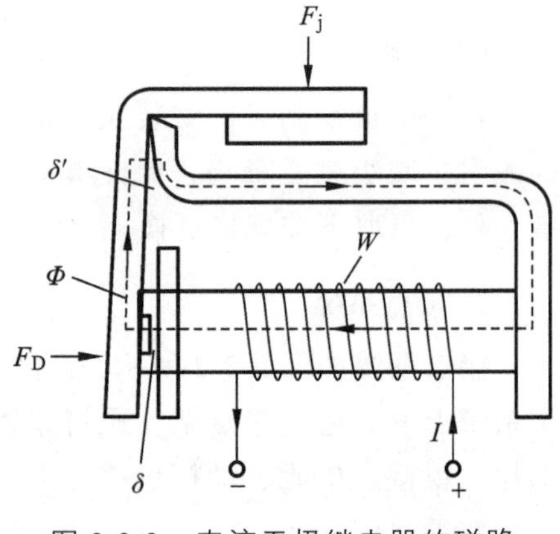

图 2-3-3　直流无极继电器的磁路

当断开电源时，线圈中的电流逐渐减小，铁芯中的磁通按一定规律随之减小，吸引力也随着减小；当电流减小到它所产生的吸引力小于机械力时，衔铁离开铁芯而释放，此时拉杆带动动接点动作，使前接点断开、后接点闭合接通。

（三）直流无极继电器的表示方法

1. 继电器型号

直流无极继电器的型号用汉语拼音字母和数字组合表示，汉语拼音字母表示继电器的类型，数字表示继电器线圈电阻值。JWXC-1700 型直流无极继电器的型号含义如图 2-3-4 所示。

2. 继电器的图形符号

JWXC-1700 型继电器共有 8 组接点，其编号从 1 至 8，其中中接点表示为 1，前接点表示为 2，后接点表示为 3，如某个接点表示为两位数 72，则表示该接点为第 7 组接点的前接点，61 表示该接点为第 6 组接点的中接点。

JWXC-1700 型继电器有两组线圈，共 4 个线圈抽头，表示为线圈 1、线圈 2、线圈 3 和线圈 4，其中线圈 1-2 之间为一组电感线圈，线圈 3-4 之间为一组电感线圈。一般将两组线圈串联使用，只能看见两个线圈抽头，分别为线圈 1 和线圈 4。线圈和接点的图形符号如图 2-3-5 所示。

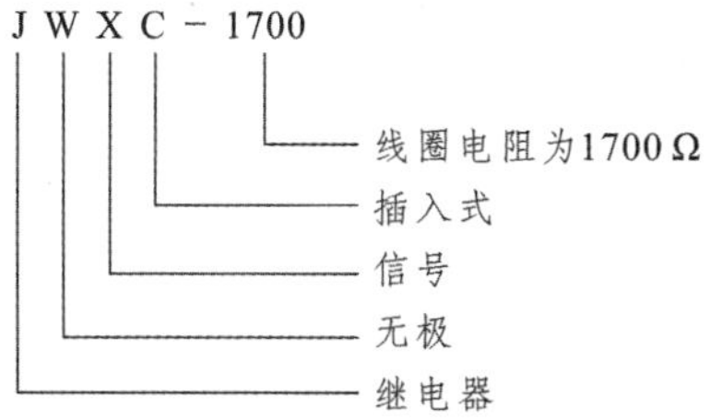

图 2-3-4　JWXC-1700 型继电器的型号含义

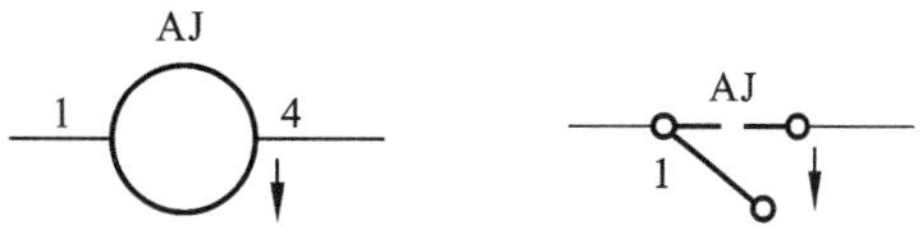

（a）线圈符号　　（b）接点符号

图 2-3-5　直流无极继电器的图形符号

图 2-3-5（a）所示为继电器线圈符号，用一个圆圈表示线圈，左侧为线圈 1，右侧为线圈 4，上面的 AJ 为继电器名称，右侧向下的箭头表示继电器通常所处的状态。

图 2-3-5（b）所示为继电器接点符号，三个小圆圈表示三个接点，其中 1 表示所示接点为第 1 组接点，标称于中接点旁，箭头表示继电器通常所处的状态，上部的 AJ 表示继电器的名称，小圈之间的实线表示当前接通接点，虚线表示当前断开接点。在这个图中，继电器的常态为落下，落下时，中接点与后接点接通，因此下方的接点为 13 接点，上方右侧的接点为 12 接点。

当线圈名称和接点名称相同时，表示是同一台继电器的线圈和接点。

图 2-3-6 列举了继电器接点表示的所有可能，并标注出前、中、后接点，请读者自行分析。

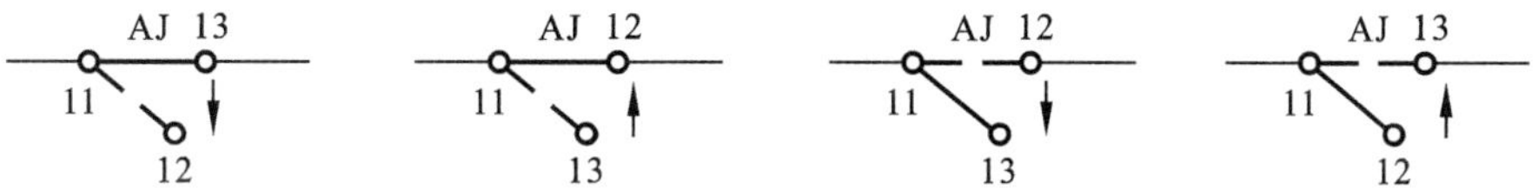

图 2-3-6　继电器接点的可能状态

（四）直流无极继电器的电源片和接点编号

继电器的接点编号也称接点配置。从继电器的背面看，如图 2-3-7 所示，1 和 2 是继电器的后线圈电源片，3 和 4 是前线圈电源片，左边是 1、3、5、7 四组接点，右边是 2、4、6、8 四组接点。

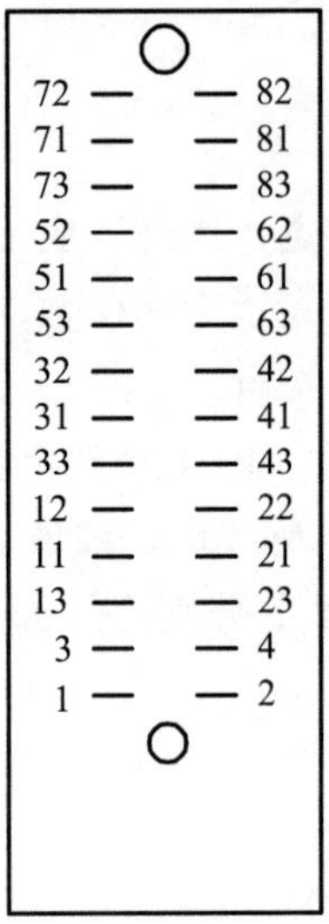

图 2-3-7　无极继电器的接点编号

（五）直流无极继电器的基本电气特征

JWXC-1700 型直流无极继电器有以下电气特征：

（1）JWXC-1700 型继电器为直流型继电器，它对交流输入没有响应。

（2）额定电压为直流 24 V。

（3）前、后两个线圈可以独立使用，也可以串/并联使用。当独立使用时，线圈 1 和线圈 2 之间是一个电感线圈，线圈 3 和线圈 4 之间是一个电感线圈。

① 两个线圈之一独立使用时，输入电压：

1+，2-：继电器吸起。

1-，2+：继电器吸起。

3+，4-：继电器吸起。

3-，4+：继电器吸起。

② 两个线圈串联使用时，一般将线圈 2 和线圈 3 短接，从线圈 1 和线圈 4 给电，输入电压：

1+，4-：继电器吸起。

1-，4+：继电器吸起。

③ 两个线圈并联使用时，一般将线圈 1 与线圈 3 短接，线圈 2 与线圈 4 短接，输入电压：

1, 3+，2, 4-：继电器吸起。

1, 3-，2, 4+：继电器吸起。

注意：两个线圈并联连接时，若将线圈 1 和线圈 4 短接，线圈 2 与线圈 3 短接，继电器将不起作用。

无论怎样连接，断电后继电器在重力作用下将自动落下。

二、整流式继电器

整流式继电器种类较多，本任务只介绍与轨道电路密切相关的 JZXC-480 型整流式继电器，这是后续学习工频连续式轨道电路的基础。

我们已经知道，JWXC-1700 型继电器是直流型，对交流输入不起作用，但在实际应用中，以交流作为输入的情况较多，让交流输入对直流型继电器起作用的方法有多种，本任务介绍一种，即 JZXC-480 型整流式继电器。

（一）JZXC-480 型继电器的结构和原理

JZXC-480 型整流式继电器由无极继电器和整流电路组成。它的电磁系统和接点系统的结构与无极型继电器基本相同，只是在电磁系统中增加了整流电路，接点和电源片的编号略有区别，在接点的上方安装了全波整流电路。

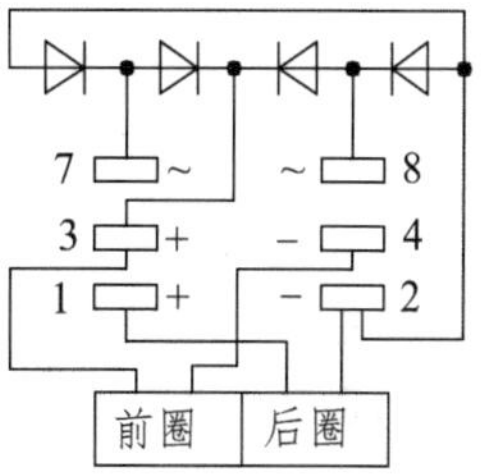

图 2-3-8　JZXC-480 型整流式继电器的线圈和电源片连接

如图 2-3-8 所示，在无极型继电器的基础上，JZXC-480 型继电器要求在其底座上将 1-4 线圈封联，使用 3-2 线圈，3 为+，2 为-，继电器的 73 接点和 83 接点为交流输入端，在继电器线圈符号上一般写为 7、8。

其基本原理为，在 73（7）、83（8）两端输入交流电，通过整流电路整流得到直流电，将此直流电加在线圈 3 和线圈 2 的两侧，使继电器吸起。

（二）JZXC-480 型继电器的图形符号和接点编号

JZXC-480 型整流式继电器的线圈图形符号在无极型继电器符号的基础上加了一个二极管符号，如图 2-3-9 所示，其接点与无极型继电器相同，但应注意它只有 4 组后接点和 2 组前接点，如图 2-3-10 所示。整流式继电器（JZXC-480 型）名称中的字母 Z 即表示整流的意思。

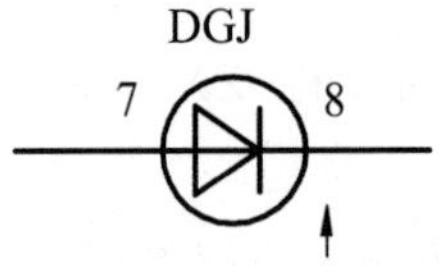

图 2-3-9　JZXC-480 型继电器的线圈符号

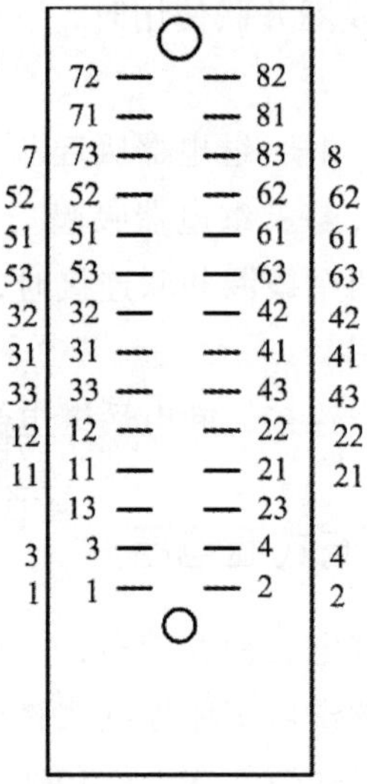

图 2-3-10　JZXC-480 型继电器的接点编号

三、交流二元二位继电器

交流二元二位继电器不同于电磁继电器，它是交流感应继电器。

后续课程中我们会学习 50 Hz 交流工频连续式轨道电路，在电化区段，牵引电流对它有影响，一般采用 25 Hz 相敏轨道电路来处理，其中轨道继电器采用的是交流二元二位继电器，主要型号有 JRJC-66/345 型和 $JRJC_1$-70/240 型，这两种交流二元二位继电器的线圈参数有所不同，以适应不同频率的需要，但它们的结构和动作原理基本相同。交流二元二位继电器的基本电气特性如表 2-3-1 所示。

表 2-3-1　交流二元二位继电器的基本电气参数

型　号		接点组数	线圈电阻/Ω	电气特性					相位角	
				额定值		工作值不大于		释放值不小于	轨道电流滞后于局部电压	轨道电压滞后于局部电压
				电压/V	电流/mA	电压/V	电流/mA	电压/V		
JRJC-66/345	局部	2Q 2H	345	110	≤80				160°±8°	88°±8°
	轨道		66			15	38	7.5		
$JRJC_1$-70/240	局部	2Q 2H	240	110	≤80				157°±8°	87°±8°
	轨道		70			15	40	8.6		

（一）交流二元二位继电器的结构

以 $JRJC_1$-70/240 型继电器为例，如图 2-3-11 所示，其由电磁系统、翼板、接点等部件组成。

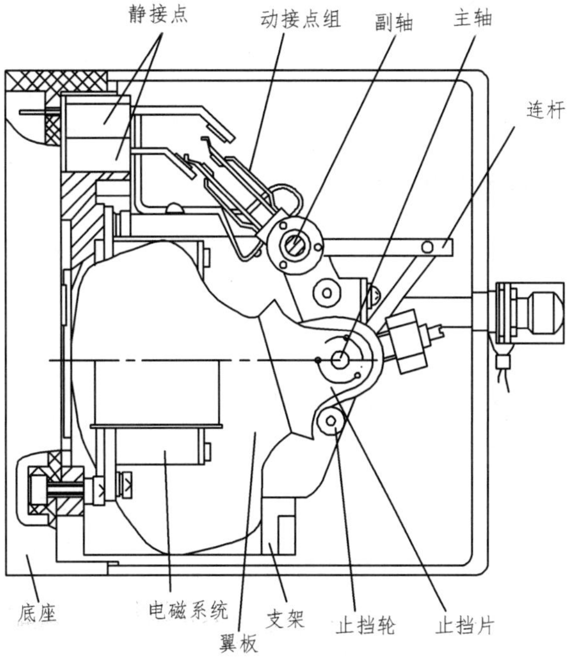

图 2-3-11　JRJC1-7-/240 型继电器的结构

1. 电磁系统

电磁系统包括局部电磁系统和轨道电磁系统。局部电磁系统由局部铁芯和局部线圈组成。轨道电磁系统由轨道铁芯和轨道线圈组成。铁芯均由硅钢片叠成，线圈是用高强度漆包线绕在线圈骨架上制成的。

2. 翼板

翼板是将电磁系统的能量转换为机械能的关键部件。翼板由 1.2 mm 厚的铝板冲裁而成，安装在主轴上。翼板尾端安装有重锤螺母，对翼板起平衡作用，在翼板一侧的主轴上还安装了一块 2.0 mm 厚、由钢板制成的止挡片，与轴成为一个整体，使翼板转至上、下极端位置时受到限制。

3. 接点组

动接点固定在副轴上，主轴通过连杆带动副轴上的动杆单元使动接点动作，接点编号如图 2-3-12 所示。

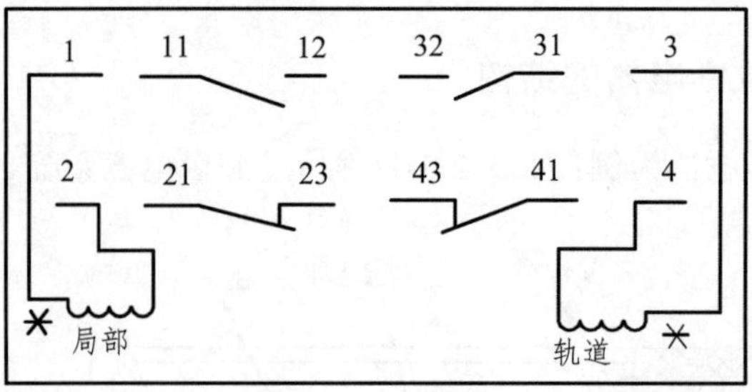

图 2-3-12　JRJC1-70/240 型继电器的接点编号

（二）交流二元二位继电器的原理

交流二元二位继电器具有相位选择性和频率选择性，只有这两个特性条件都满足时，继电器才能吸起。

1. 相位选择性

交流二元二位继电器的磁路系统如图 2-3-13 所示。

当局部线圈和轨道线圈中分别通以一定相位差的交流电流时，形成交变磁通 Φ_J 和 Φ_G，磁通穿过翼板时就形成了磁极 J 和 G，在翼板中分别产生感应电流（这里也称涡流），以 I_{WJ} 和 I_{WG} 表示。涡流 I_{WJ} 和 I_{WG} 分别与磁通 Φ_J 和 Φ_G 作用，产生电磁力 F_1 和 F_2，即轨道线圈的磁通中，G 在翼板中感应的电流 I_{WG} 在局部线圈磁通 Φ_J 的作用下产生电磁力 F_1；局部线圈的磁通 Φ_J 在翼板中感应的电流 I_{WJ} 在轨道线圈磁通中的作用下产生电磁力 F_2。F_1 和 F_2 的方向可由左手法则决定，如图 2-3-14 所示。

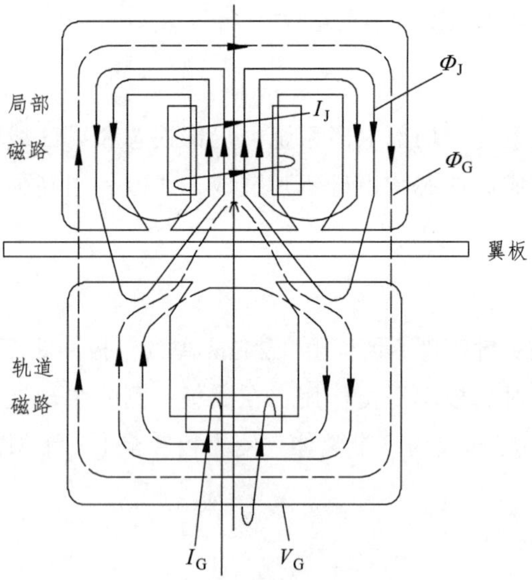

图 2-3-13　JRJC1 型继电器的磁路系统

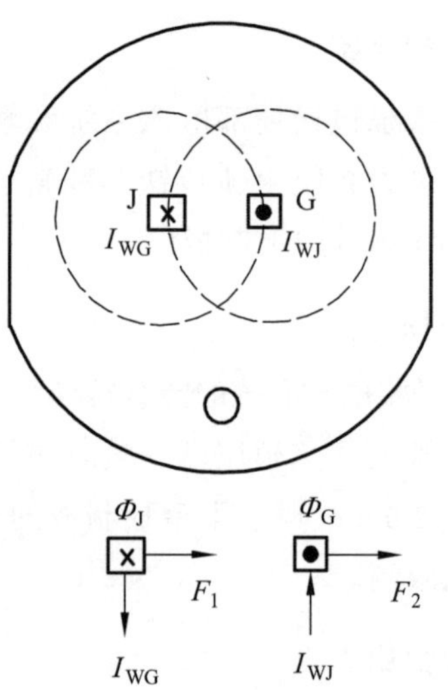

图 2-3-14　涡流在磁通作用下产生电磁力

当 Φ_J 超前 Φ_G 90°时，在翼板上得到正方向转矩（F_1 和 F_2 此时是同方向的），继电器吸起；而当 Φ_J 滞后 Φ_G 90°时，在翼板上得到反方向转矩（F_1 和 F_2 的方向此时是相反的），继电器不吸起，使后接点更加闭合。如果仅在任一线圈通电或两线圈接入同一电源，翼板均不能产生转矩而动作，这就是交流二元二位继电器所具有的可靠的相位选择性。

通过以上分析可知，所谓交流二元二位继电器的相位选择性，是指只有当局部线圈电压相位超前于轨道线圈电压相位 90°时，继电器才能吸起。

2. 频率选择性

对于电气化牵引区段，当牵引电流不平衡时，将有 50 Hz 电压加在轨道线圈上，这时所产生的转矩力在一个周期内的平均值为零，即轨道线圈混入干扰电流与固定的 25 Hz 局部电流相互作用，翼板不产生转矩，使继电器不能误动；同时，由于翼板的惯性较大，使继电器缓动，跟不上转矩力变化的速率，使继电器保持原来的位置而不致误动。也就是说，交流二元二位继电器只有通 25 Hz 交流电时，继电器才能吸起，这就是交流二元二位继电器的频率选择性。

（三）交流二元二位继电器的图形符号

交流二元二位继电器的线圈图形符号如图 2-3-15 所示，其中，3-4 线圈为轨道线圈，1-2 线圈为局部线圈；其接点符号和直流继电器的接点符号相同。

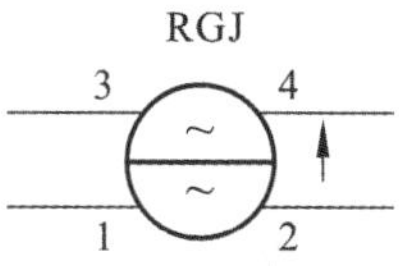

图 2-3-15　交流二元二位继电器的线圈符号

任务实施

1. 请将下列名称填入图 2-3-16 的空白处：铁芯，轭铁，重锤片，衔铁，前线圈，后线圈，前接点，中接点，后接点，拉杆。

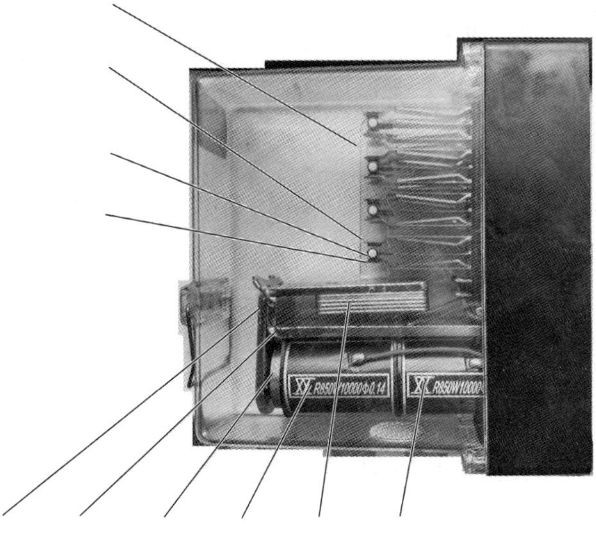

图 2-3-16　JWXC-1700 型继电器的结构

2. 在图 2-3-17 的空白处填入接点或线圈编号。

图 2-3-17　JWXC-1700 型继电器底座接点和电源片编号

3. 请详细阐述 JZXC-480 型整流式继电器在无极型继电器的基础做了哪些改变？满足了什么要求？

4. 简述交流二元二位继电器有哪两个特性。

5. 请绘制交流二元二位继电器的接点。

思维拓展

利用已学习的继电器相关知识，设计继电器构成的逻辑“与”门和逻辑“或”门电路。

任务四　继电电路

任务导入

继电器可以构成强大的逻辑运算电路，这种逻辑电路有基本组成单元、基本形式和分析方法，理解这些内容是后续学习相关知识的基础。

任务目标

1. 掌握串联和并联电路；
2. 掌握串并联电路；
3. 掌握自闭电路。

相关知识

一、继电电路的最简形式

如图 2-4-1 所示，图中 A 为自复式按钮（此种按钮按下后接通电路，松开后自动弹起断开电路，它可能有多组接点），AJ 为无极继电器。当按钮 A 未被按下时，KZ 与 KF 电源无法接通，AJ 继电器处于落下状态；当按钮 A 被按下后，KZ 经过按钮 A 的第一组闭合接点，通过继电器 AJ 的 1-4 线圈后与 KF 接通，此时继电器 AJ 吸起。

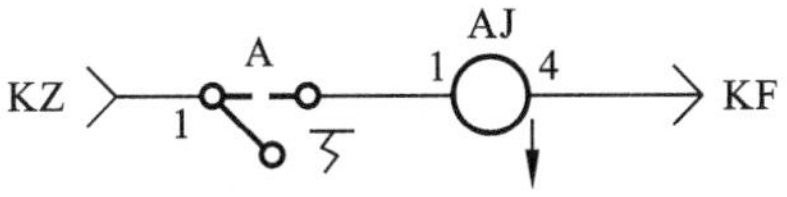

图 2-4-1　继电电路的最简形式

这里称按钮 A 为继电器 AJ 的控制条件，或称继电器 AJ 的吸起条件中纳入按钮 A 的第一组前接点。

二、继电电路的基本形式

继电电路的基本形式有串联电路和并联电路。

（一）串联电路

继电器的控制条件（开关或继电器接点）是串联连接的电路，称为串联电路，其功能是完成逻辑“与”运算，即所有控制条件均接通时，电路才接通，被控制继电器才会吸起，如图 2-4-2 所示。

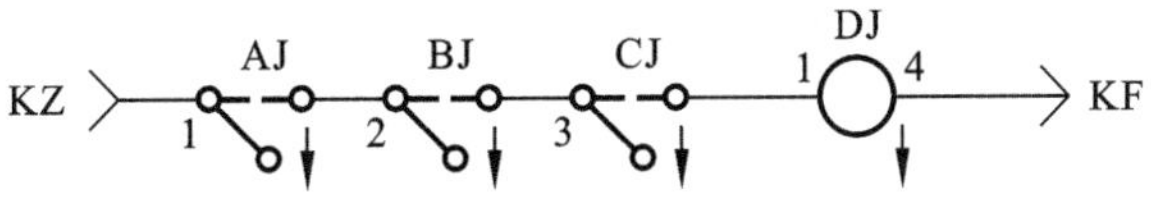

图 2-4-2　串联电路

由图 2-4-2 可知，只有作为控制条件的继电器 AJ、BJ、CJ 全部吸起时，KZ 经过 AJ 的第一组前接点、BJ 的第二组前接点、CJ 的第三组前接点，再经过继电器 DJ 的 1-4 线圈，与 KF 接通，DJ 才能吸起；如 AJ、BJ、CJ 中任何一个落下，上述电路均不能接通，从而继电器 DJ 失磁落下。

（二）并联电路

继电器的控制条件是并联连接的电路，称为并联电路，其功能是完成逻辑“或”运算，即所有控制条件中任何一个接通时，电路就可以接通，被控制继电器就可以吸起，如图 2-4-3 所示。

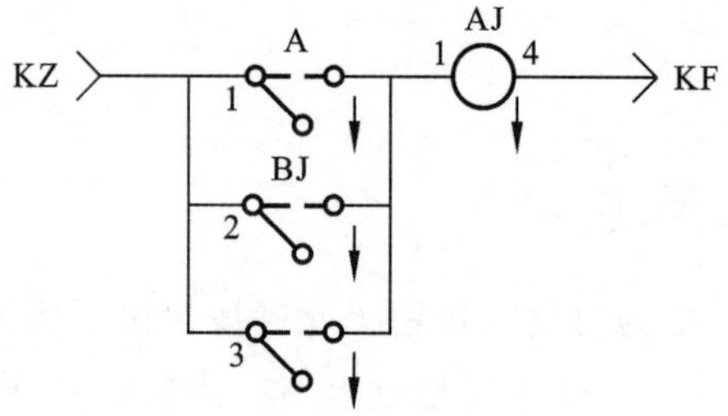

图 2-4-3　并联电路

由图 2-4-3 可知，作为控制条件的继电器 AJ、BJ、CJ 中任何一个吸起时，如 AJ 吸起，KZ 电经 AJ 的第一组前接点，再经继电器 DJ 的 1-4 线圈与 KF 接通，DJ 吸起；只有 AJ、BJ、CJ 全部落下，上述电路才不能接通，DJ 失磁落下。

三、继电电路的拓展形式

在实际使用中，少有单纯的串联电路或并联电路，大多是将它们综合到一起构成较为复杂的逻辑电路，这里只介绍两种。

（一）串并联电路

在继电器的控制条件中，有些接点是串联电路，有些接点是并联电路，称为串并联电路，如图 2-4-4 所示。

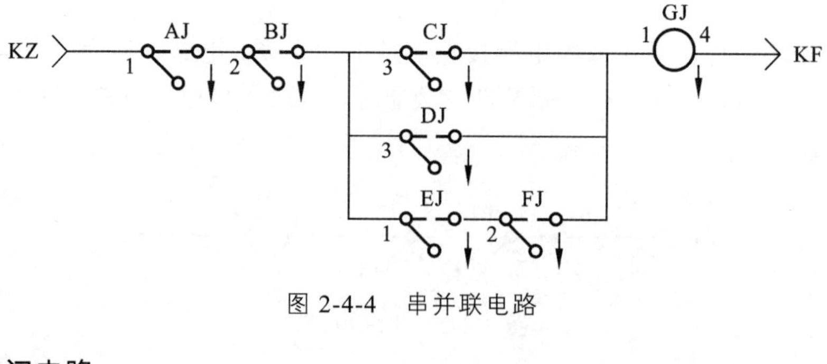

图 2-4-4　串并联电路

（二）自闭电路

图 2-4-1 所示的电路存在一个问题，即当按下按钮 A 后，AJ 吸起；当松开按钮 A 后 AJ 便会失磁落下。我们对这个电路进行改进，如图 2-4-5 所示。

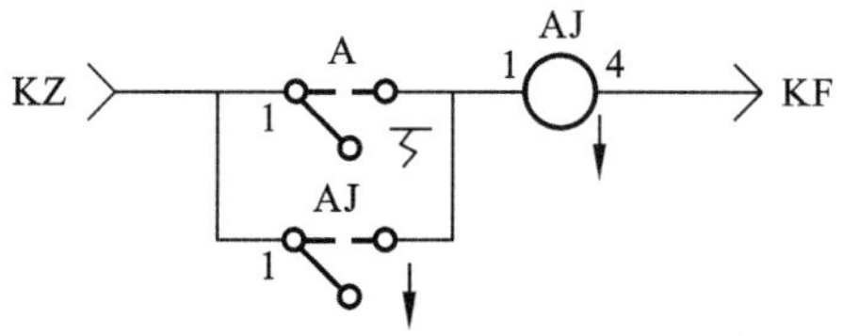

图 2-4-5　增加了自闭接点的 AJ 控制电路

分析图 2-4-5 所示电路：当按钮 A 未被按下时，被控制继电器 AJ 处于落下状态；按下按钮 A 后，KZ 经按钮 A 的第一组前接点及 AJ 的 1-4 线圈与 KF 接通，电路构通，继电器 AJ 吸起，之后 AJ 的第一组前接点闭合；当松开按钮 A 后，按钮 A 的第一组前接点断开，此时，KZ 经 AJ 的第一组前接点，再经 AJ 的 1-4 线圈与 KF 接通，AJ 继续保持吸起状态。

但这个电路在实际工作中仍不能有效工作，因为 AJ 一旦吸起后，便没有任何落下的机会，这意味着，如果使用 AJ 的前接点控制一台电机启动，电机将永远不会停止。我们对这个电路再次进行改进，如图 2-4-6 所示。

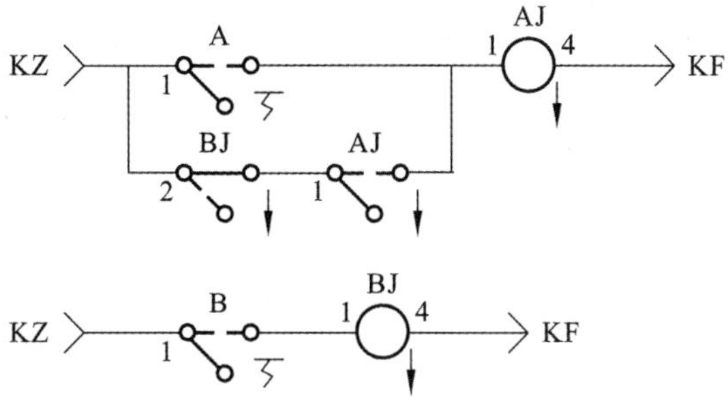

图 2-4-6　增加了自闭切断接点的 AJ 控制电路

在图 2-4-6 中，按钮 A 松开后，KZ 经 BJ 的第二组后接点、AJ 的第一组前接点，再经 AJ 的 1-4 线圈与 KF 接通，AJ 保持自闭吸起，在某个时机需要 AJ 落下时，则按下按钮 B 使继电器 BJ 吸起，从而切断 AJ 的自闭电路，AJ 失磁落下。

有了自闭电路，继电器便有了记忆功能。

任务实施

请简要分析图 2-4-4 所示的串并联电路。

思维拓展

根据所学知识绘制 AJ 控制电路。已知：甲、乙、丙、丁四个人每人有一个按钮，控制一台继电器，用继电器控制一盏灯，初始状态是灭灯，要求：

（1）如果甲没有按下控制按钮，无论其他人如何操作，灯都无法点亮。

（2）在甲按下控制按钮的同时，乙和丙中任何一个按下按钮都可以使灯点亮。

（3）灯一旦点亮，甲，乙和丙松开控制按钮后灯不会熄灭。

（4）只有丁按下按钮，灯才会熄灭。

项目三　轨道电路基础知识

知识导图

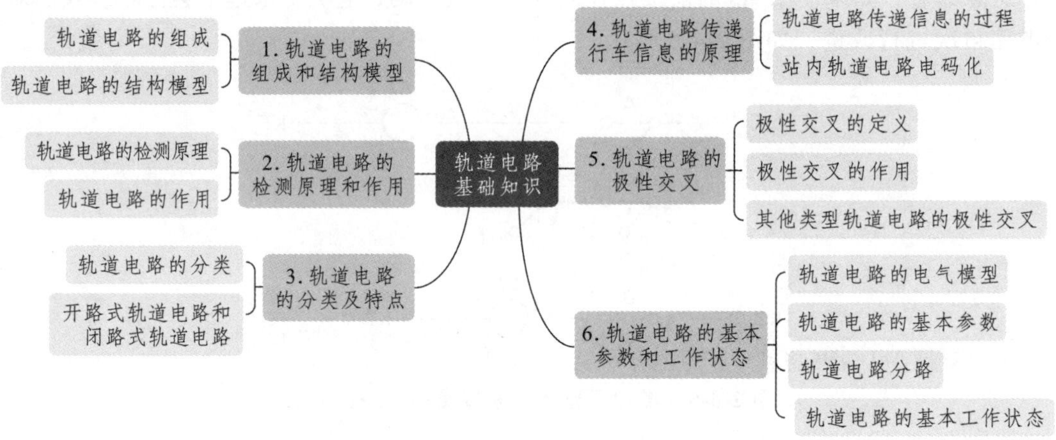

项目描述

轨道电路作为铁路信号基础设备之一，其作用是自动、连续检测某段线路是否被机车车辆占用，也用于控制信号装置或转辙装置，它是铁路信号控制系统（无论是车站信号控制系统还是区间信号控制系统）得以正常工作的基础，同时也是保证铁路行车安全的重要设备。1870 年，美国 W・鲁宾逊博士在纽约举办的展览会上展出了开路式轨道电路控制信号机的模型。此后，他又研究成功直流电的闭路式轨道电路，并于 1872 年取得美国专利。随着现代铁路技术的不断发展以及列车实现高速运行，对轨道电路的可靠性和安全性提出了更高要求。

轨道电路采集的列车位置信息是铁路信号控制系统最基本的输入量。从使用区域的角度来分，轨道电路可分为站内轨道电路和区间轨道电路，但无论是何种轨道电路，其基本原理是相通的，掌握轨道电路的基本原理是进一步理解站内轨道电路和区间轨道电路原理及相关制式的前提。

学习目标

1. 掌握轨道电路的作用和分类；
2. 掌握轨道电路的组成及其各部件的作用；
3. 掌握轨道电路的结构模型；
4. 掌握轨道电路检测列车占用的基本原理；
5. 掌握开路式轨道电路和闭路式轨道电路实现“故障—安全”原则的特点；
6. 了解机车如何接收轨面传递的信息以及轨道电路电码化；
7. 掌握极性交叉的定义和作用；
8. 掌握轨道电路的电气模型、基本参和轨道电路分路的基本术语；
9. 掌握轨道电路的基本工作状态。

能力目标

1. 能根据轨道电路的基本参数进行基本故障分析；
2. 能将轨道电路的电气特性应用在实际故障分析中。

素质目标

1. 培养分析问题和解决问题的能力；
2. 树立“安全第一”的责任意识，培养“精益求精”的工匠精神；
3. 培养不断探索的学习精神和勇于创新、敢于创新的精神。

任务一　轨道电路的组成及结构模型

任务导入

当线路上某区段有列车占用时，便不允许其他机车车辆侵入该区段，那么，轨道区段是如何感知列车存在的？这便是轨道电路的基本任务，本任务介绍轨道电路的组成及结构模型。

任务目标

1. 掌握轨道电路的组成及其各部件的作用；
2. 掌握轨道电路的结构模型。

相关知识

轨道电路是以铁路线路的两根钢轨作为导体，两端加装绝缘节，接上送电设备和受电设备构成的电路。一般来说，每个区段有一个轨道电路。

一、轨道电路的组成

（一）钢轨接续线

两根钢轨是指同一线路相距 1435 的两根轨条。标准的钢轨长度最长只有 25 m，而在实际应用中，轨道区段的长度往往大于 25 m，且在铺设钢轨时，相邻两根轨条之间有一个轨缝，因此多个连续轨条之间电气并不连接，为此需要采用专用设备将相邻连接的两个钢轨进行电气连接，这种专用设备称为钢轨接续线，其结构模型如图 3-1-1 所示。

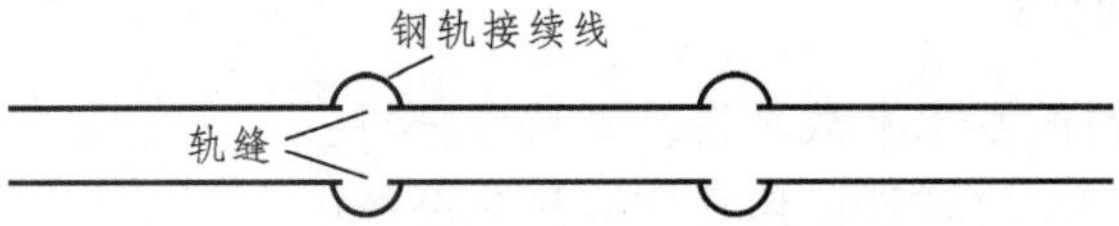

图 3-1-1　钢轨接续线

（二）绝缘节

相邻的轨道区段各自有一个轨道电路，这两个相邻的轨道电路必须完全隔绝，因此必须在两个相邻的轨道电路间加装电气隔离设备，即绝缘节。绝缘节根据其原理和用途等不同有多种类型。在轨道电路模型上一般用一条垂直于钢轨的竖线表示绝缘节，如图 3-1-2 所示。

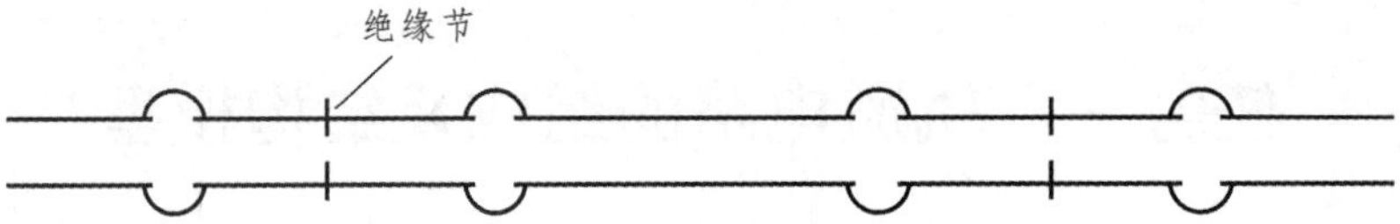

图 3-1-2　绝缘节

（三）电源和引接线

轨道电路要工作，便需要一个电源。不同的轨道电路制式，其电源种类和供电方式不尽相同，在轨道电路模型上可以将其理解为一个电池，想要将这个电源送到轨面上，需要电源和钢轨之间加装一段引导电流的导线，这是一种专用设备，称为钢轨引接线，如图 3-1-3 所示。

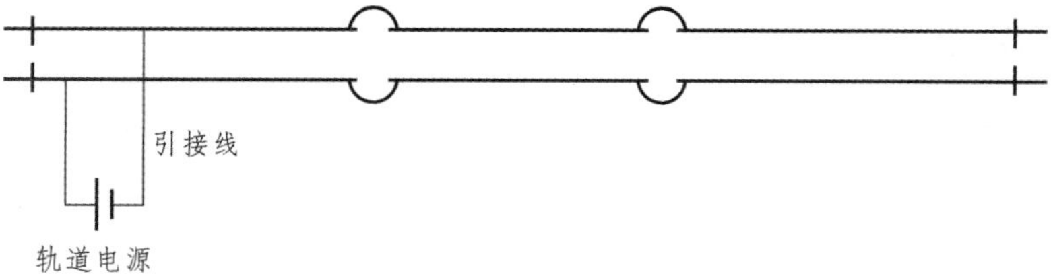

图 3-1-3　轨道电源和引接线

（四）轨道继电器和引接线

轨道区段一端接有电源，另一端需要接一个负载，这个负载的作用是，能指示列车占用和出清两种状态，该负载在轨道电路上一般为一台继电器，称为轨道继电器。这个负载同样也需要引接线与钢轨连接，如图 3-1-4 所示。

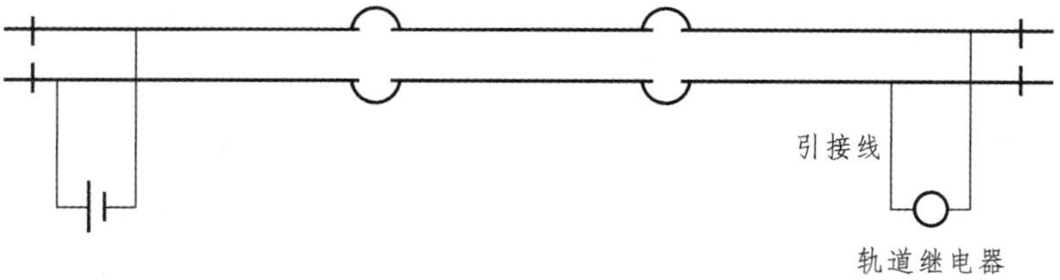

图 3-1-4　轨道继电器和引接线

（五）轨道区段的入口和出口

如图 3-1-5 所示的一段轨道区段，假设列车经过该区段时，从左向右运行，则轨道区段的左端称为轨道区段的入口，右端称为轨道区段的出口。

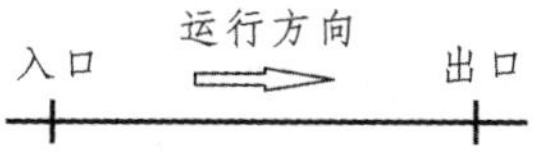

图 3-1-5　轨道区段的入口与出口

（六）轮对压入钢轨

机车车辆某一处的车轮左右各有一个，中间由一个车轴连接，这两个车轮称为轮对，这个轮对并不是绝缘的，而且它们之间的电阻值非常小，当它们压在钢轨上时，相当于一条短路线将轨道电路的两根钢轨短路，如图 3-1-6 所示。

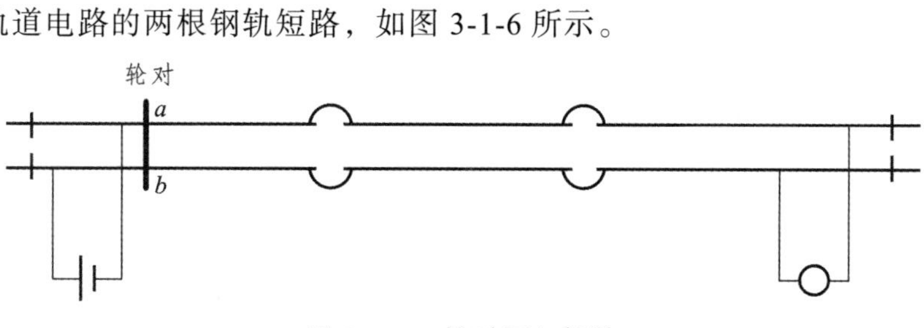

图 3-1-6　轮对压入钢轨

（七）限流电阻

如图 3-1-6 所示，若轨道电源设置在入口处，机车进入轨道区段后，轮对在 *a* 点和 *b* 点将轨道电路短路，此时，电源也会被短路，进而被烧毁，因此需要在轨道电源处串入一个限流电阻，如图 3-1-7 所示。

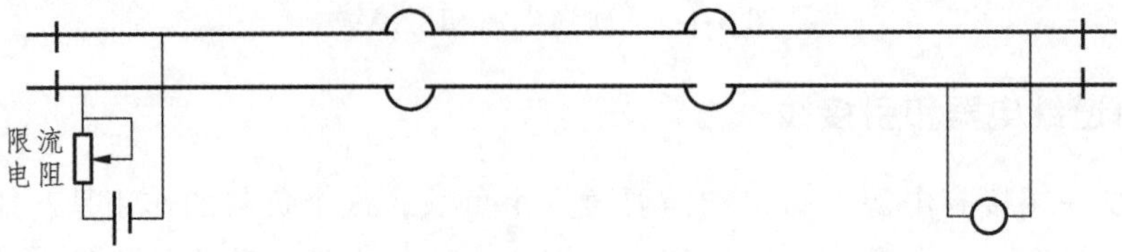

图 3-1-7　限流电阻

对限流电阻有以下要求：

（1）限流电阻不能太小，否则将起不到限流作用。

（2）限流电阻也不能太大，限流电阻和作为负载使用的轨道继电器是串联关系，如果限流电阻太大，其分得的电源电压太高，轨道继电器将无法得到足够电压，不能吸起工作。

（3）限流电阻对于不同轨道区段上的轨道电路，其阻值是不同的，因为轨道区段的长度不同，钢轨的阻值不同，因此限流电阻应该是可变电阻。之所以采用可变电阻还有其他原因，这将在后续任务中阐述。

二、轨道电路的结构模型

轨道电路的完整结构模型如图 3-1-8 所示。其中，轨道电源、限流电阻和引接线构成轨道送电设备，其所在位置称为轨道送电端；轨道继电器和引接线构成轨道受电设备，其所在位置称为轨道受电端。

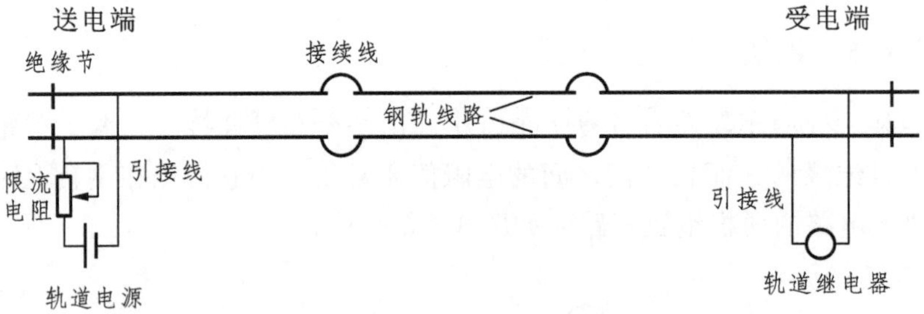

图 3-1-8　轨道电路的结构模型

图 3-1-8 所示的轨道电路结构模型中，不能将送电端的电源简单地理解为一个干电池，也不能将受电端单纯地理解为一台继电器。为了更清晰地阐明相关问题，下面给出更有实际意义的轨道电路结构模型，如图 3-1-9 所示。

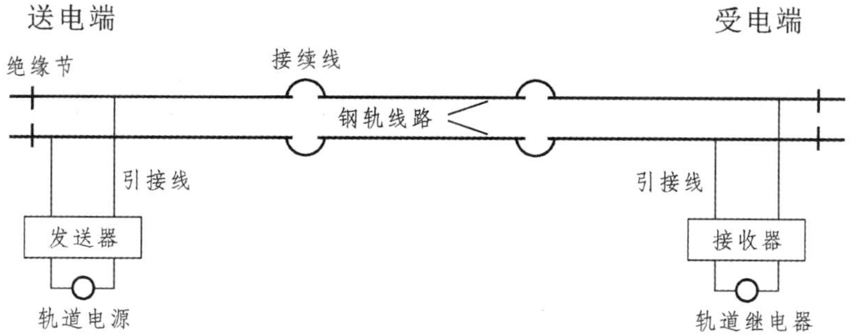

图 3-1-9　更有实际意义的轨道电路结构模型

图 3-1-9 中，发送器发送某种信号到轨面，当无车占用轨道区段时，接收器将收到这个信号，并进一步驱动轨道继电器吸起；当轨道区段有车占用时，接收器没有接收到发送器发送的信号，于是轨道继电器落下。轨道继电器可进一步参与相关信号控制系统的运算。

任务实施

1. 轨道电源的作用是：____。
2. 限流电阻的作用是：____。
3. 轨道继电器的作用是：____。
4. 引接线的作用是：____。
5. 钢轨线路的作用是：____。
6. 接续线的作用是：____。
7. 绝缘节的作用是：____。
8. 将轨道电路各组成设备的名称填入图 3-1-10 中。

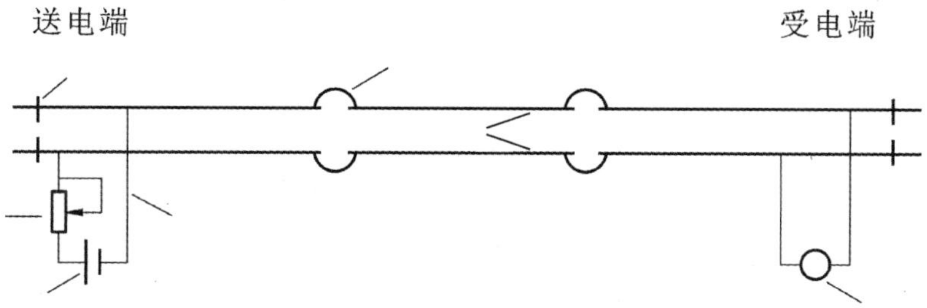

图 3-1-10　轨道电路各组成设备

任务二　轨道电路的检测原理和作用

任务导入

上一个任务学习了轨道电路的组成和结构模型，本任务介绍轨道电路检测列车占用的原理和与此相应的作用。

任务目标

1. 掌握轨道电路检测列车占用的原理；
2. 掌握轨道电路的作用。

相关知识

一、轨道电路检测列车占用的原理

当轨道区段无车占用时，如图 3-2-1 所示（在以后的图形中，除特殊需要外，为了简化图形和使图形更加清晰明了，将不再绘制钢轨接续线）。图中，点画线表示电源正极，虚线表示电源负极。轨道电源电压通过引接线和钢轨的传导加在轨道继电器的两侧，从而使轨道继电器吸起，即轨道区段无车时轨道继电器吸起。

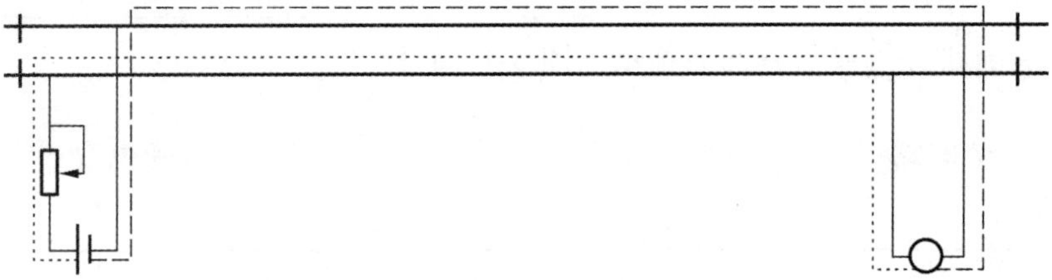

图 3-2-1　轨道区段无车占用

当轨道区段有车占用时，如图 3-2-2 所示。图中，点画线表示电源正极，虚线表示电源负极，当有轮对压入钢轨时，轮对将两条钢轨短路，由于轮对间电阻很小，远小于轨道继电器线圈电阻，且轮对与轨道继电器为并联关系，此时轨道电源输出的电流主要从轮对经过（见图中轮对左侧的点画线和虚线所示），流经轨道继电器线圈的电流很小（见图中轮对右侧的虚线所示），从而无法使轨道继电器吸起，即轨道区段有车占用时将导致轨道继电器落下，此时称轨道电路分路。

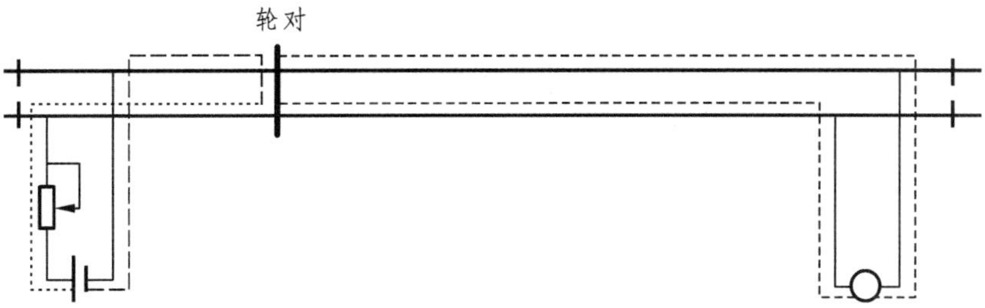

图 3-2-2　轨道区段有车占用

轨道区段只有列车占用和出清两种状态，当轨道电路无故障时，轨道继电器只有吸起和落下两种状态，即有以下一一对应的关系：

轨道区段占用 ↔ 轨道继电器落下

轨道区段出清 ↔ 轨道继电器吸起

也就是说，列车占用轨道区段时轨道继电器落下，列车未占用轨道区段时轨道继电器吸起；反过来，轨道继电器落下，证明轨道区段有车占用；轨道继电器吸起，证明轨道区段无车占用。

二、轨道电路的作用

（1）轨道电路监督列车占用情况，即通过轨道继电器反映线路的空闲情况，轨道继电器作为车站信号控制系统或区间信号控制系统的控制条件之一。

（2）轨道电路可传递行车信息，轨道电路可通过传递不同的频率信息来反映前行列车的位置、运行前方信号机状态和线路条件等信息，为列车运行提供行车命令，保障列车运行安全。

任务实施

1. 请详细阐述轨道电路检查列车占用的原理。
2. 请简述轨道区段占用和出清与轨道继电器吸起和落下的关系。

任务三　轨道电路的分类及特点

任务导入

本任务介绍轨道电路的分类，这是进一步理解各种不同制式轨道电路的前提。

任务目标

1. 进一步理解轨道电路的结构模型；

2. 掌握轨道电路的分类；

3. 掌握开路式轨道电路和闭路式轨道电路在实现“故障—安全”原则方面的特点。

相关知识

一、轨道电路的分类

（一）按供电方式分类

轨道电路按供电方式分类，可分为直流轨道电路和交流轨道电路。这里的直流、交流并非指轨道电路中的电源为直流还是交流（参见图 3-1-9），而是指送到轨面上的电流为直流或交流。

直流轨道电路由于其抗干扰能力差、安装困难、维护不便等原因已经淘汰。

现代轨道电路均是交流轨道电路，主要制式包括工频交流连续式轨道电路、25 Hz 相敏轨道电路、ZPW-2000 移频轨道电路等。

（二）按轨面上所传电流的特性分类

轨道电路按轨面上所传电流的特性分类，可分为连续式轨道电路、移频轨道电路和数字编码式轨道电路。

连续式轨道电路，是指在钢轨中传输的是连续的交流或直流，如工频连续式轨道电路和 25 Hz 相敏轨道电路。

移频轨道电路是指钢轨中传递的是移频信号，如 ZPW-2000 轨道电路。

数字编码轨道电路是指对载频进行数字调频的一种轨道电路，如城市轨道交通中使用的 FTGS 型数字编码式轨道电路。

（三）按相邻区段间的绝缘方式分类

轨道电路按相邻区段间的绝缘方式分类，可分为有绝缘轨道电路和无绝缘轨道电路。

传统的绝缘节是由绝缘材料制作的、与钢轨截面形状尺寸相同的机械绝缘节，安装在两相邻轨道区段的轨缝处。

所谓无绝缘轨道电路并不是说相邻轨道电路没有电气隔离，而是指隔离措施大部分采用谐振原理实现的电气隔离，不采用传统的机械绝缘节。

25 Hz 相敏轨道电路是有绝缘轨道电路。ZPW-2000A 轨道电路是无绝缘轨道电路。

（四）按轨道区段内有无道岔分类

轨道电路按轨道区段内有无道岔分类，可分为无岔区段轨道电路和道岔区段轨道电路。

道岔区段轨道电路是指区段内含有道岔，这时需要对轨道电路进行特殊处理，这将在后续任务中讲解。

（五）按工作方式分类

轨道电路按工作方式分类，可分为开路式轨道电路和闭路式轨道电路。从本项目任务一开始讲述的轨道电路均为闭路式轨道电路。开路式轨道电路由于不满足“故障—安全”原则，很少使用，但理解开路式轨道电路可以进一步理解闭路式轨道电路实现“故障—安全”原则的机制。

二、开路式轨道电路和闭路式轨道电路

（一）开路式轨道电路

图 3-3-1 所示为开路式轨道电路。

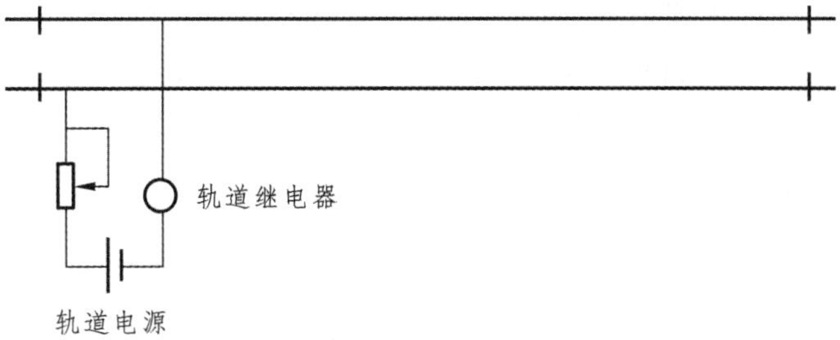

图 3-3-1　开路式轨道电路

从图 3-3-1 中可知，当轨道电路无车占用时，电路并不能形成一个闭合电路，轨道电路呈开路状态，此时轨道继电器落下；当轨面有车占用时，如图 3-3-2 所示（图中点画线为电源正极，虚线为电源负极），此时电源正负极通过轮对形成一个闭合回路，使轨道继电器吸起。

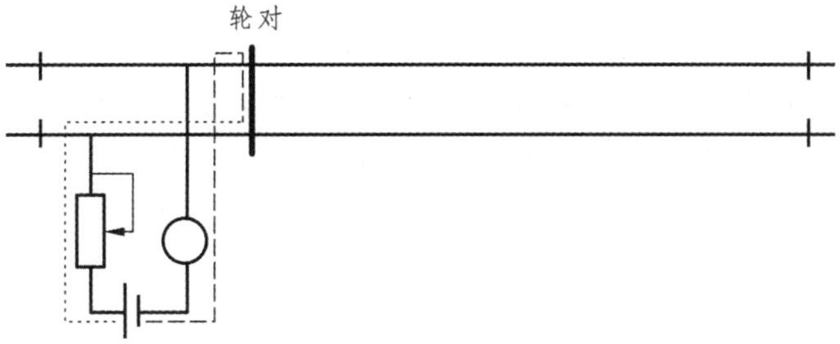

图 3-3-2　有车占用时的开路式轨道电路

可见，轨道区段有无列车占用与轨道继电器是否吸起之间仍然存在以下一一对应关系：

轨道区段占用 ↔ 轨道继电器吸起

轨道区段出清 ↔ 轨道继电器落下

当开路式轨道电路出现故障，如图 3-3-3 所示的 *a* 点断线，如果此时轨面上有车占用，因 *a* 点断线使电路无法形成闭合回路，于是轨道继电器落下，但轨道继电器落下说明区段无车（而实际上有车）、允许其他机车车辆侵入本区段，这将造成事故。所以开路式轨道电路出现断线故障时不能实现“故障—安全”原则。

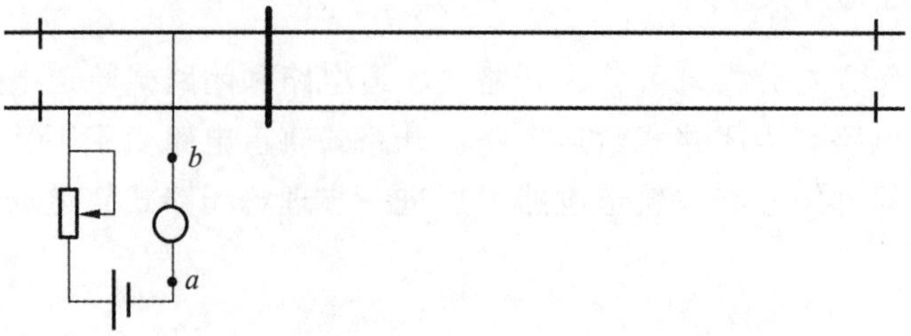

图 3-3-3　开路式轨道电路故障（a 点断线）

（二）闭路式轨道电路

图 3-3-4 所示为闭路式轨道电路，如前述分析，在区段无车时，轨道电路可以构成一个闭合回路，其轨道区段占用和出清与轨道继电器吸起和落下之间的对应关系是：

轨道区段占用 ↔ 轨道继电器落下

轨道区段出清 ↔ 轨道继电器吸起

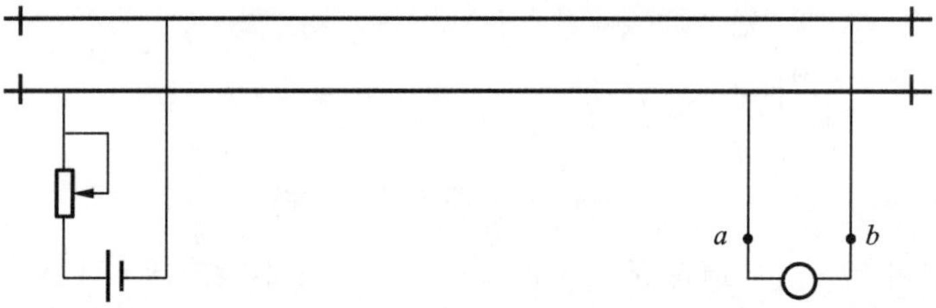

图 3-3-4　闭路式轨道电路

当图 3-3-4 所示的轨道电路出现故障，如 a 点断线，此时虽区段无车占用，但 a 点断线导致轨道继电器无法吸起，而轨道继电器落下说明轨道有车（实际无车），不允许其他机车车辆侵入本区段，从而（无论区段内有无车辆均能）保证行车安全。

可见，闭路式轨道电路对断线故障可以实现“故障—安全”。

任务实施

1. 轨道电路是如何分类的？

2. ZPW-2000A 型轨道电路的全称是 ZPW-2000A 型无绝缘移频轨道电路，请从轨道电路分类的角度阐述其特点。

思维拓展

1. 请在图 3-3-3 的基础上，分析 a 点与 b 点混线和轨道电源停电时，开路式轨道电路对混线故障和停电故障均无法实现“故障—安全”。

2. 请在图 3-3-4 的基础上，分析 a 点与 b 点混线和轨道电源停电时，闭路式轨道电路对混线故障和停电故障均可以实现“故障—安全”。

任务四　轨道电路传递行车信息的原理

任务导入

我们在前面讲述轨道电路的作用时，提及轨道电路有第二个作用，即传递行车信息。利用轨道电路传递行车信息，是现代铁路的一大技术特征，并且传递的行车信息在列车运行控制系统中发挥着重要作用。本任务介绍轨道电路是如何传递行车信息的。

任务目标

1. 了解机车如何接收轨面传来的信息；
2. 了解站内电码化。

相关知识

一、轨道电路传递信息的过程

（一）机车信号接收线圈

在机车运行方向的第一轮对的前方，有一个用于接收来自轨面信息的线圈。一辆机车一般有六组轮对，如图 3-4-1 所示。

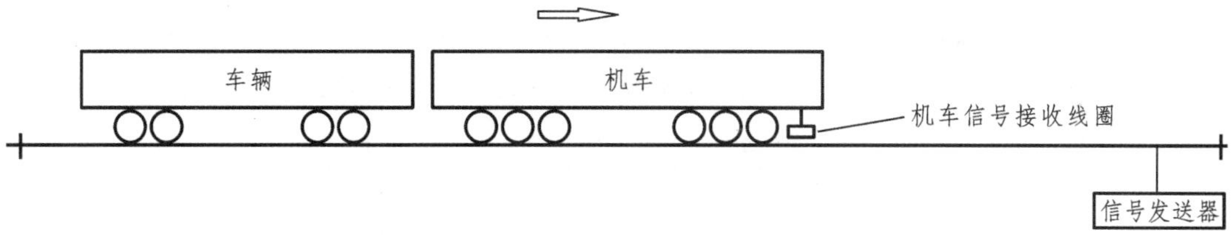

图 3-4-1　机车信号接收线圈

图中，机车牵引车辆向右运行，向轨面发送行车信息的信号发送器只能在轨道区段的右端，即区段的出口处，且发送的是交变电流信号，钢轨中有交变的磁场变化，接收线圈（可以理解为一个电感线圈）感应到交变的磁场变化，从而接收信号（如果是直流电流信号，接收线圈将无法感应）。机车信号接收线圈、第一轮对和信号发送器的位置关系如图 3-4-2 所示。

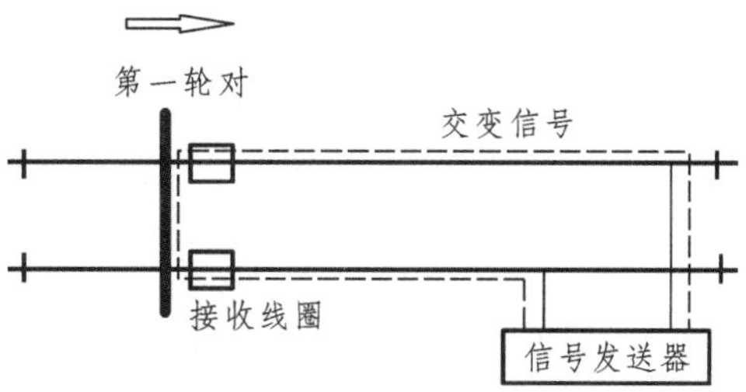

图 3-4-2　机车信号接收线圈的位置

可见，发送器发送的信号经车轮短路后，不会再向第一轮对左侧传输，接收线圈应在第一轮对右侧，即信号发送设备要迎着列车发送信号。机车信号接收线圈接收信息后，送入车载计算机，从而控制列车运行。

（二）如何传递不同的行车信息

如图 3-4-3 所示，假设列车向右运行。由于列车向右运行，区段 *A* 和区段 *B* 的发送器只能位于区段的右端，当区段无车时，接收器可以接收到发送器发送来的信息，从而驱动轨道继电器吸起；当区段有车占用时，轨道电路被短路，接收器没有接收到发送器发送的信息，轨道继电器落下。

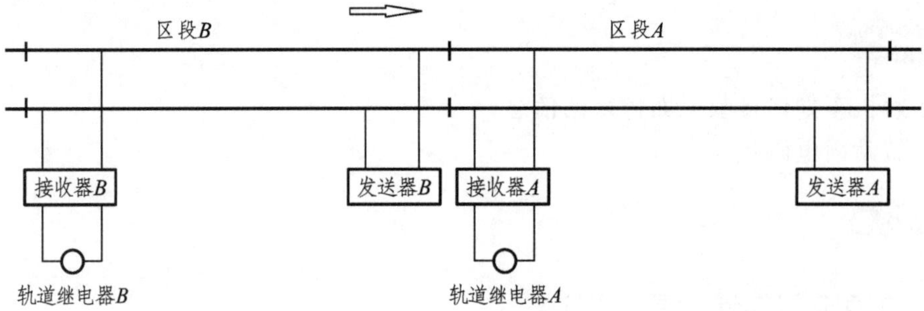

图 3-4-3　相邻区段的发送接收设备布置

图 3-4-3 中，当区段 *A* 无车时，区段 *B* 运行的列车允许向前运行进入区段 *A*；当区段 *A* 有车时，区段 *B* 运行的列车应在区段 *A* 前停车。

假设，频率为 11.4 Hz 的信息表示允许列车向前运行，频率为 26.8 Hz 的信息表示不允许列车向前运行，此时，发送器 *B* 发送什么频率的信号应由轨道继电器 *A* 决定。当轨道继电器 *A* 吸起时，说明区段 *A* 无车，发送器 *B* 应发送 11.4 Hz 的信号；当轨道继电器 *A* 落下时，说明区段 *A* 有车，发送器 *B* 应发送 26.8 Hz 的信号。发送器 *B* 内部的实现逻辑如图 3-4-4 所示。

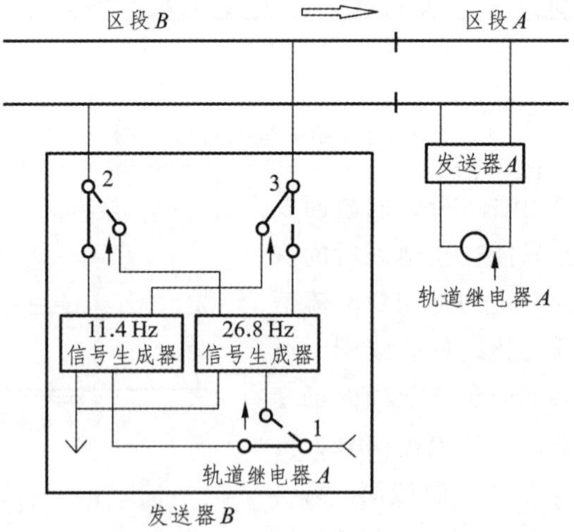

图 3-4-4　发送器编码原理

图 3-4-4 中，当区段 A 无车、轨道继电器 A 吸起时，发送器内部 11.4 Hz 信号生成器的正负电源经轨道继电器 A 的第一组接点沟通，11.4 Hz 信号生成器工作，发送的信号经轨道继电器 A 的第二组前接点和第三组前接点发送至轨面；当区段 A 有车、轨道继电器 A 落下时，26.8 Hz 信号生成器工作，信号经轨道继电器 A 的第二组后接点和第三组后接点发送至轨面。这一过程叫信息编码。

（三）轨道电路传递行车信息的特征

轨道电路传递行车信息有以下特征：

（1）发送器迎着列车发送信息。

（2）不同频率的信号代表不同含义。

（3）本轨道区段发送器发送的信息编码与前方若干区段的列车占用情况有关。

（4）区段的占用情况用轨道继电器表征。

二、站内轨道电路电码化

在实际应用中，区间轨道电路往往按照图 3-4-3 所示的方式实现列车占用检查和传递行车信息，即用一套设备完成轨道电路的两个基本功能。但在站内轨道电路中，实现列车占用检查和传递行车信息两种作用的设备往往是分离的，而且站内可能没有传递行车信息的设备，如果有传递行车信息的设备，则称轨道电路实现电码化。

由于轨道电路电码化设备不承担轨道区段占用检查的任务，便不再需要接收设备。如图 3-4-5 所示，当轨道电路无车占用时，由于轨道电路电码化设备处在开路状态，发送器发送的电压加在两条钢轨上，但是没有电码化电流；当轨道区段有车占用时，电码化设备处在闭路状态，钢轨上有传递行车信息的电码化电流，机车信号接收线圈便可收到此信号，具体过程请参见图 3-4-2。

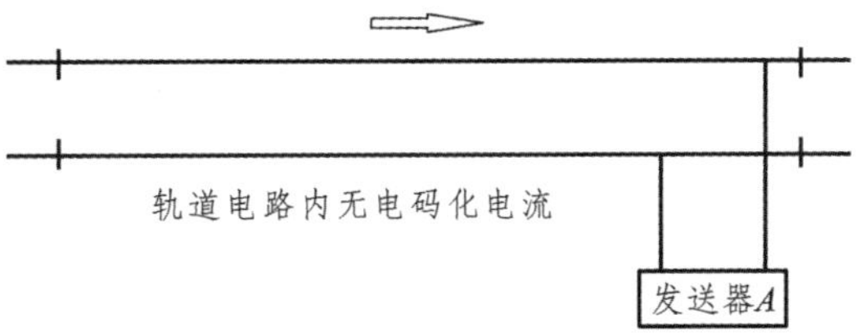

图 3-4-5　轨道区段无车时的电码化设备

在车站内一般也并不是全站场实现电码化，一般正线区段和股道实现电码化。如图 3-4-6 所示，点画线与虚线标注的部分为实现电码化的区段。

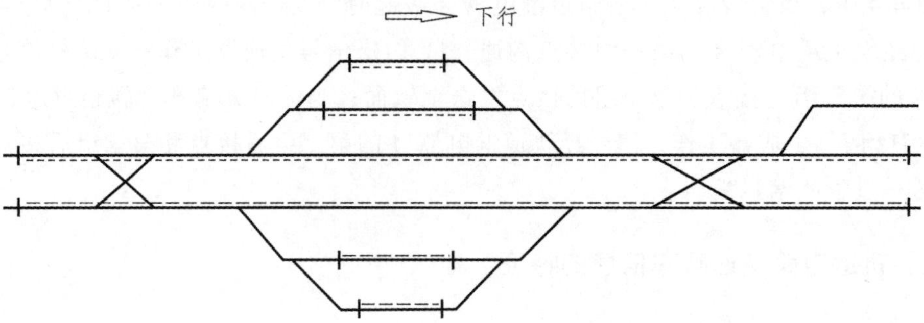

图 3-4-6 车站实现电码化的范围

任务实施

请详细阐述不同信息是如何编码的。

任务五 轨道电路的极性交叉

任务导入

两相邻轨道电路之间用绝缘节隔离，但绝缘节较容易破损，如果对破损的绝缘节不能进行有效的防护，很可能造成行车事故。本任务就介绍轨道电路的极性交叉。

任务目标

1. 掌握轨道电路极性交叉的定义和作用；
2. 了解移频和数字脉冲轨道电路绝缘节破损的防护措施。

相关知识

一、极性交叉的定义

有绝缘轨道电路的特点是用轨道绝缘来分割轨道电路区段，在绝缘节两侧要求轨面电压具有不同的极性（直流）或相反的相位（交流），这就是轨道电路的极性交叉。直流情形如图 3-5-1 所示，交流情形如图 3-5-2 所示。其中的点画线和虚线表示不同的极性或相反相位。

所有的铁路信号设备都必须满足“故障—安全”原则，就轨道电路而言，当其设备发生故障时，应使设备的输出导向预定的安全侧，即轨道继电器衔铁落下的位置。轨道绝缘两侧的电源要满足极性交叉配置，即在绝缘节破损时，使两端的轨道电路受电端的轨道继电器都失磁落下。

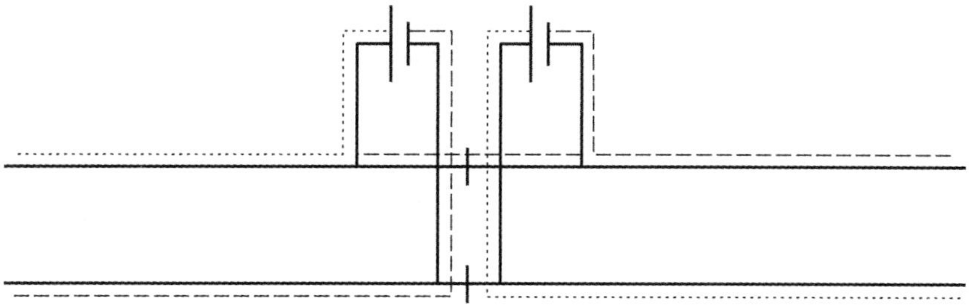

图 3-5-1　直流轨道电路极性交叉

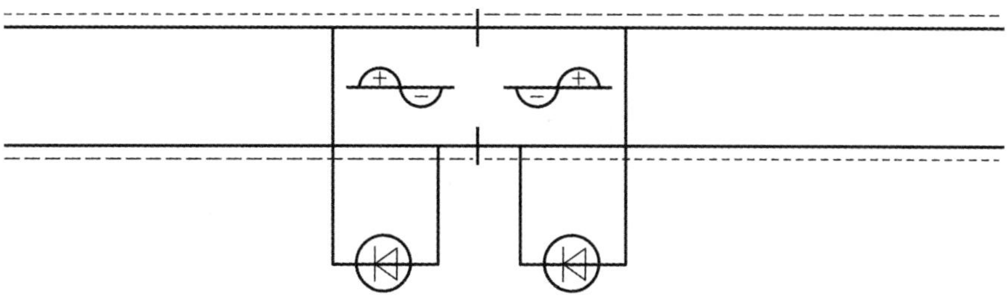

图 3-5-2　交流轨道电路极性交叉

二、极性交叉的作用

对于直流轨道电路而言，不按“极性交叉”原则来配置送电端的电源极性，如图 3-5-3 所示。

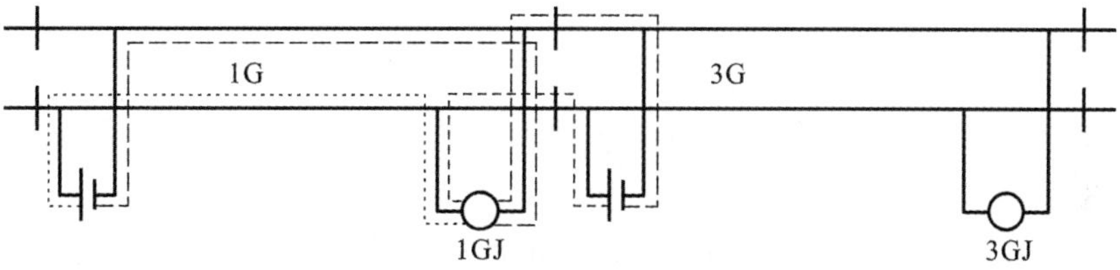

图 3-5-3　直流轨道电路不按“极性交叉”配置（无车占用时）

图 3-5-3 中，两个轨道区段 1G 和 3G 对应的轨道继电器分别为 1GJ 和 3GJ，两个轨道区段电源正极都送到图下方的轨条，电源负极都送到图上方的轨条，绝缘节两侧的电源极性相同，当轨面无车占用、绝缘节破损（指上下两个绝缘节都破损）时，流经 1GJ 的电流为本轨道区段的电源供出的电流（点画为正极，虚线为负极）与相邻轨道区段供出的电流（点画线为正极，虚线为负极）之和，这将使 1GJ 和 3GJ 两个继电器仍处在吸起状态，该轨道电路无法反映此种故障，不满足“故障—安全”原则。

当 1G 有车占用时，如图 3-5-4 所示。此时，流经 1GJ 线圈的电流为两个电源部分电流之和，如图中轮对右侧的点画线和虚线所示，这样 1G 在轨道电路被轮对分路的情况下，1GJ 却仍保持励磁吸起状态，这将十分危险。

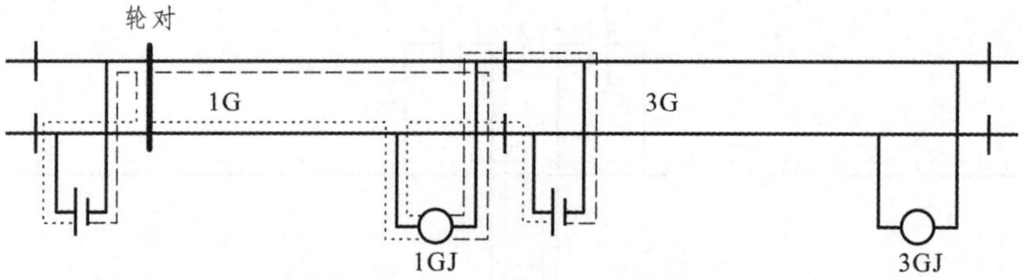

图 3-5-4　直流轨道电路不按“极性交叉”配置（有车占用时）

为了解决上述不安全问题，轨道绝缘两侧必须按“极性交叉”的原则来配置轨道电源的极性。如图 3-5-5 所示。

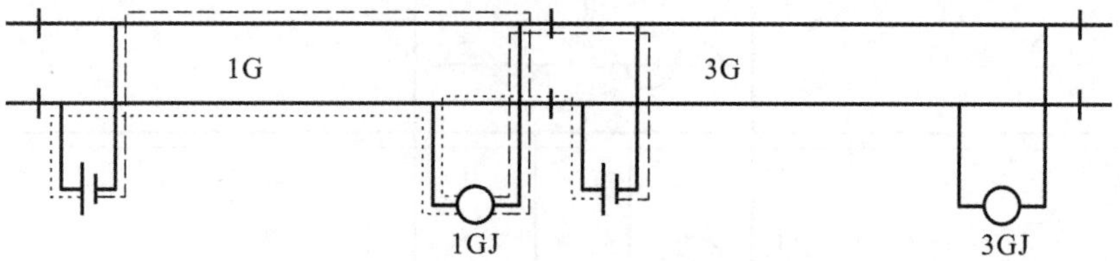

图 3-5-5　直流轨道电路按“极性交叉”配置

由图 3-5-5 可见，在绝缘节破损的条件下，轨道继电器线圈中的电流是两个电源的电流之差，当两段轨道都处于空闲状态时，只要调整得当，1GJ 和 3GJ 的衔铁都会释放落下，从而满足“故障—安全”原则。

当轨道电路交流供电时，电源按相位相反配置，任何瞬时均可视为正负极性交叉配置。

三、其他类型轨道电路的极性交叉

有些类型的轨道电路，如交流计数电码轨道电路和移频轨道电路，它们本属于交流轨道电路，但由于其特殊性无法构成极性交叉。对这类轨道电路的绝缘节破损采用另一种防护措施。

对于交流计数电码轨道电路，在相邻轨道上发送周期不同的电码信息来实现，见图 3-5-6。

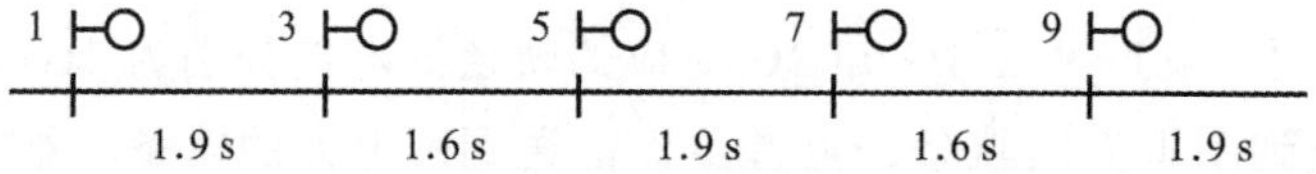

图 3-5-6　交流计数电码轨道电路的同步防护

对于移频轨道电路，采用发送不同的频率来实现，如图 3-5-7 所示。

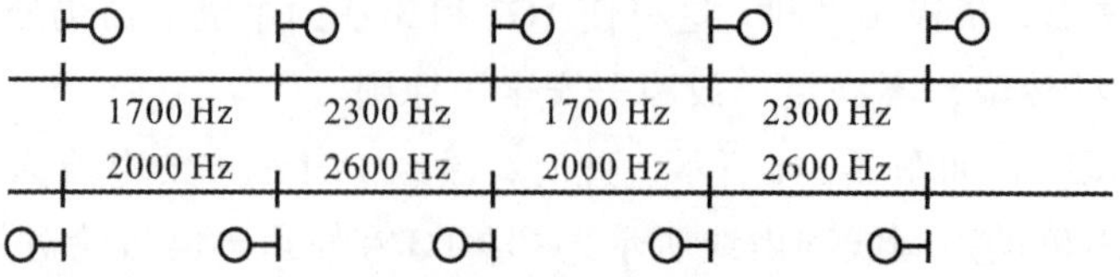

图 3-5-7　移频轨道电路的频率交叉防护

任务实施

1. 请简述极性交叉的定义。
2. 请详细解释交流轨道电路极性交叉的作用。

任务六　轨道电路的基本参数和工作状态

任务导入

本任务介绍轨道电路的基本参数、基本工作状态以及参数对工作状态的影响。

任务目标

1. 掌握轨道电路的电气模型和基本参数；
2. 掌握轨道电路的基本工作状态和轨道电路分路的相关术语。

相关知识

一、轨道电路的电气模型

本项目任务一的图 3-1-8 给出的轨道电路结构模型有一个基本假设，即所有电气元件的特性均为理想的，主要包含以下两个方面：

（1）钢轨对地电阻或上、下两轨条之间的电阻视为无穷大，或者说钢轨对地完全绝缘。

（2）钢轨线路视为阻抗为零的理想导线。

本项目任务二的图 3-2-2 中，当列车占用时，也存在一个假设：轮对占用区段时，视为一条短路线将两钢轨短路，其中电阻假设为零。

实际现场中的轨道电路并非如此，轨道电路的实际电气模型如图 3-6-1 所示。

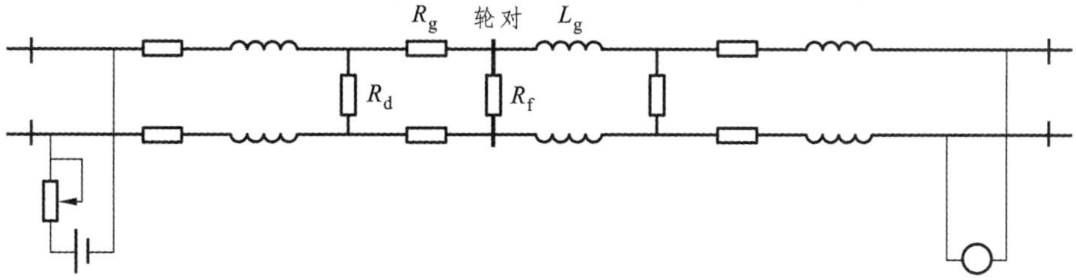

图 3-6-1　轨道电路的实际电气模型

对图 3-6-1 简要说明如下：

（1）上、下两钢轨之间的电阻并非无穷大，而是存在一个与道砟等因素有关的分布电阻，可等效为上、下两钢轨之间的线性电阻，这个电阻称为道砟电阻，如图 3-6-1 中 R_d 所示。

（2）钢轨线路的阻抗并非为零，而是存在一个与钢轨本身电气特性有关的阻抗，其呈现感性，可等效为电阻与电感的串联阻抗，称为钢轨阻抗，如图 3-6-1 中的 R_g 与 L_g 所示。

（3）轮对占用区段时，并不是电阻为零的导线，其间存在一个主要受轮缘和轨面接触电阻影响的线性电阻，称为列车分路电阻，如图 3-6-1 中的 R_f 所示。

二、轨道电路的基本参数

（一）道砟电阻

轨道电路的漏泄电流是由一根钢轨经过轨枕、道砟和道床流向另一根钢轨的，其大小由钢轨线路的漏泄阻抗，即道砟电阻决定。道砟电阻是一个分布参数，通常以每千米钢轨线路所具有的漏阻值表示，称为单位道砟电阻，简称道砟电阻，单位是欧姆/千米（Ω/km）。

由于漏泄电流是通过不同性质的导电介质流过的，钢轨和线路上的其他金属配件都有电子导电性；另外道砟、轨枕和道床均有水分，它们都具有电子导电性，可把它们看成特殊的电解质。道砟电阻与道床材料，道砟层的厚度、清洁度，道床土壤的电导率、轨枕的材质和数量以及温度、湿度等因素都有很大关系。隧道内潮湿腐蚀，道砟电阻较低；地面线路的道砟电阻通常在夏季湿热、降雨后最低，在严冬季节尤其是冰冻时节最高。道砟电阻的最大值和最小值会相差十几倍，甚至上百倍。

道砟电阻越小，泄漏电流越大，轨道电路的工作越不稳定。因此，要提高轨道电路的工作质量，应尽可能提高最小道砟电阻，例如提高道床的排水能力，定期清筛道砟等。

（二）钢轨阻抗

钢轨阻抗除了包括钢轨本身的阻抗外，还包括与两根钢轨连接处的各种阻抗，如钢轨接续线阻抗，接续线与钢轨间的接触电阻、鱼尾板与钢轨间的接触电阻等。各连接处的接触电阻随着接触面的大小、清洁程度、接触压力等因素也会改变。钢轨阻抗通常用两根钢轨每千米的阻抗表示，称为单位钢轨阻抗，简称钢轨阻抗，单位是欧姆/千米（Ω/km）。

当轨道电路中通以直流电流时，钢轨阻抗就是纯电阻，称为钢轨电阻；当轨道电路中通以交流电流时，由于钢轨的磁导率大，集肤效应明显，使有效截面减小，有效电阻增大，此时的钢轨电阻在很大程度上取决于信号电流的频率，还与钢轨断面的形状、电导率、磁导率有关，其中除了有效电阻外，还存在感抗，因此当轨道电路中通以交流电流时，其钢轨总阻抗比直流时大很多。

三、轨道电路分路

（一）列车分路电阻

列车占用轨道电路时，轮对跨接在钢轨上形成的电阻，称为列车分路电阻。它由车轮、轮轴本身的电阻和轮缘与钢轨头部表面的接触电阻组成。列车分路电阻与钢轨上分路的车轴数、车辆的载重情况、列车的运行状态、轮缘装配质量、钢轨表面的洁净程度等因素有关，它的变化范围很大，可以从千分之几欧变化到 0.06 Ω，对于轻型车辆或轨道车来说还要更大。

（二）分路效应

由于列车分路使轨道电路接收设备中的电流减小，并处于不工作状态，称为分路效应。在分路状态最不利的条件下，有列车分路时，对于连续式轨道电路，要保证轨道继电器的端电压不大于它的可靠释放值。分路效应在很大程度上决定了轨道电路的质量。

（三）分路灵敏度

在轨道电路的钢轨上，用一个电阻在某点对轨道电路分路，若恰好能使轨道继电器线圈电流减小到释放值，则这个分路电阻值就叫该点的分路灵敏度。轨道上各点的分路灵敏度不同，分路灵敏度用电阻（Ω）表示。

（四）极限分路灵敏度

对于某一具体轨道电路来说，各点的分路灵敏度中的最小值，就是该轨道电路的极限分路灵敏度。

（五）标准分路灵敏度

标准分路灵敏度是衡量轨道电路分路效应优劣的标准。我国规定：一般轨道电路的标准分路灵敏度为 0.06 Ω；任何轨道电路在分路状态最不利的条件下，用 0.06 Ω 标准电阻线进行分路时，轨道电路的接收设备必须停止工作，则该轨道电路的分路效应才符合标准。

四、轨道电路的基本工作状态

轨道电路的基本工作状态包括调整状态、分路状态和断轨状态三种。轨道电路在各种工作状态下，要受到许多外界因素的影响，其中受道砟电阻、钢轨阻抗和电源电压的影响最大。这三个参数对各种工作状态造成的影响又各不相同。

（一）轨道电路的调整状态

轨道电路的调整状态是指轨道电路完整和空闲，接收设备（如轨道继电器）正常工作的状态。在调整状态，对轨道继电器来讲，它从钢轨上接收的电流越大，它的工作就越可靠。但这个电流值将随道砟电阻、钢轨阻抗、电源电压的变化而变化。调整状态的最不利条件是：发送电压最低、道砟电阻最小、钢轨阻抗最大，同时轨道电路长度为极限长度。在最不利条件下，轨道电路接收设备应能可靠地工作，反映轨道电路区段的空闲状态。

（二）轨道电路的分路状态

轨道电路的分路状态是指当轨道电路区段有列车占用时，接收设备（如轨道继电器）应被分路而停止工作的状态。

当列车占用轨道区段时，它的轮对在两钢轨间形成的电阻很小（轮对可看成是起短路作用）。但轨道电路是低电阻电路，所以当列车占用时，两钢轨间只能看成是跨接了一个分路电阻，故称分路状态。

分路状态的最不利条件是：发送电压最高、道砟电阻最大、钢轨阻抗最小、列车分路电阻最大（轻车、轮对少、车轮与钢轨接触面不洁等）。在分路状态的最不利条件下，轨道电路接收设备应能可靠地停止工作，反映轨道电路区段有车占用。

（三）轨道电路的断轨状态

轨道电路的断轨状态是指轨道电路的钢轨在某处折断时的情况，此时钢轨虽已折断，但轨道电路仍可通过大地构成回路，接收设备中还会有一定的电流流过。为了确保安全，断轨时，接收设备应不能工作。

断轨状态的最不利条件是：断轨时轨道电路的参数变化使轨道接收设备中获得最大电流。它除了与发送电压最大、钢轨阻抗模值最小有关外，断轨地点和道砟电阻的大小对其也有一定的影响。有两个因素是造成接收设备中电流最大的最不利因素：临界断轨地点和临界道砟电阻。

任务实施

1. 轨道电路的基本参数有哪些？
2. 轨道电路分路的相关术语有什么？

思维拓展

假设有一段轨道电路，雨后在没有列车占用的情况下出现轨道继电器失磁掉下的情况，请分析原因，并给出解决方案。

项目四　站内轨道电路的基本原理

知识导图

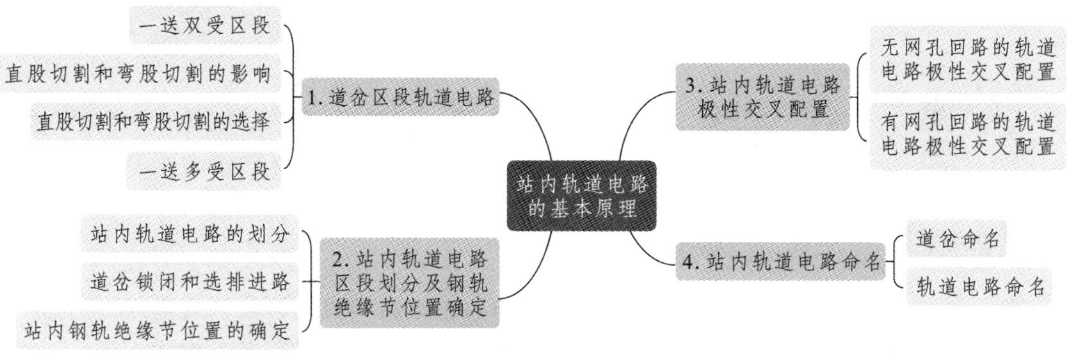

项目描述

轨道电路按应用场景可以分为站内轨道电路和区间轨道电路，它们有各自的基本原理，本项目介绍站内轨道电路的基本原理。站内轨道电路在项目三介绍的轨道电路基本原理的基础上，根据应用场景的特殊性，其工作原理还具有自身的独特性，理解这些是进一步理解站内轨道电路具体制式的前提。

学习目标

1. 掌握道岔区段轨道电路直股切割和弯股切割对轨道电路的影响；
2. 掌握道岔区段轨道电路直股切割和弯股切割的选择标准；
3. 掌握一送多受区段轨道继电器间的条件关系；
4. 掌握站内轨道电路的划分原则和命名原则；
5. 掌握站内道岔的命名原则和道岔锁闭和选排进路的概念；

6. 掌握站内钢轨绝缘节的确定原则和站内极性交叉的配置方法；
7. 掌握站内无网孔回路和有网孔回路的轨道电路极性交叉的配置方法和步骤。

能力目标

1. 能进行轨道电路的划分和轨道电路的命名；
2. 能进行绝缘节位置的确定和极性交叉判断。

素质目标

1. 培养分析问题和解决问题的能力；
2. 树立“安全第一”的责任意识，培养“精益求精”的工匠精神；
3. 培养不断探索的学习精神和勇于创新、敢于创新的精神。

任务一　道岔区段轨道电路

任务导入

按区段内有无道岔，轨道电路分为无岔区段轨道电路和道岔区段轨道电路。道岔区段轨道电路必须进行特殊处理，这与道岔的结构有关，在项目一的任务二中我们已经对道岔有了初步认知，本任务将进一步分析道岔和道岔区段轨道电路。

任务目标

1. 掌握道岔区段轨道电路直股切割和弯股切割对轨道电路的影响；
2. 掌握道岔区段轨道电路直股切割和弯股切割的选择标准；
3. 掌握一送多受区段轨道继电器间的条件关系。

相关知识

一、一送双受区段

如图 4-1-1 所示的道岔区段。图中，a 点为岔头位置，b、c 为岔尾位置，为了检查列车占用情况，一般将 a 点处设置为送电端，b 点处设置为受电端，如果从岔心 O 至 c 点处绝缘节的长度不小于 65 m，则需要在 c 点处也设置一个受电端，这便形成了一送双受区段；否则，在 OA 之间的线路上停有一辆机车时，将无法检查出区段占用。

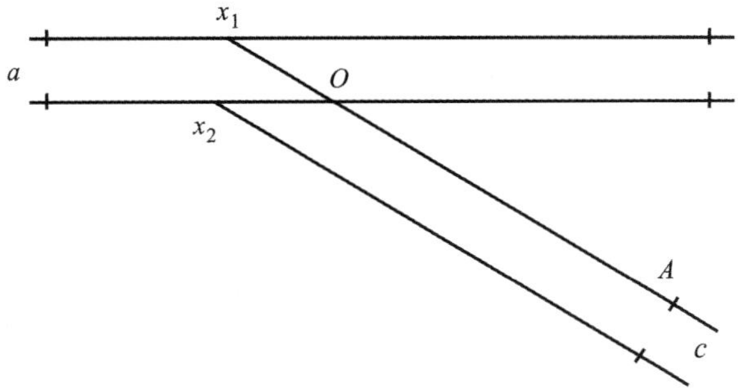

图 4-1-1　道岔区段

为了完成一送多受，x_1 与 x_2 处尖轨和基本轨应该是电气连接的（实际中并不连接，需要做处理，后面叙述），这样一来，从 a 点到 b 点再到 c 点，整个道岔便形成了一个等电位点。当从岔头处送电时，如图 4-1-2 所示（为了绘图简便省去了限流电阻）。图中，电源左侧的点画线为电源正极，电源右侧的虚线为电源负极，正电流流到岔心 O 点，负电流也流到了岔心 O 点，正、负电流短路，无法使轨道继电器吸起，为了将正、负电流分开，加装了道岔切割绝缘。

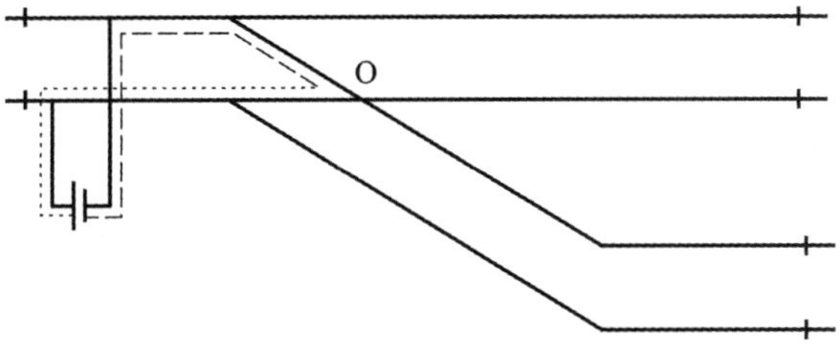

图 4-1-2　岔头处送电的道岔区段

二、直股切割和弯股切割对轨道电路的影响

如图 4-1-3 所示，加装的切割绝缘节为直股切割方式。

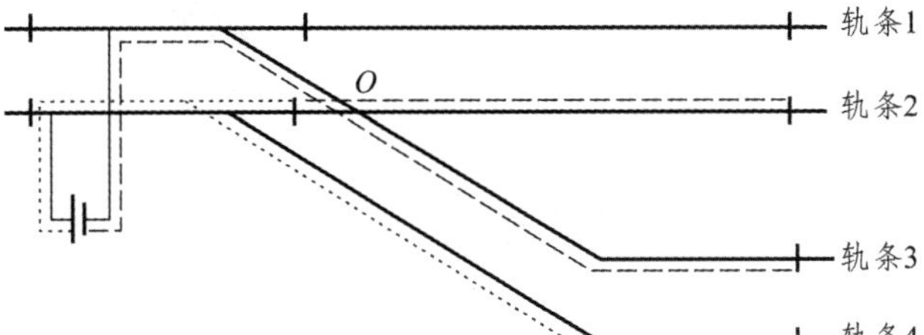

图 4-1-3　直股切割方式的切割绝缘节

从图 4-1-3 中可以看到，正电流送到了轨条 4 的尾端，负电流经岔心 O 送到轨条 2 和轨条 3 的尾端，但是轨条 1 的尾端没有电流，这样在轨条 1 与轨条 2 之间加装受电设备仍无法工作，为此我们在最外侧的轨条 1 与轨条 4 之间加装一组跳线，如图 4-1-4 所示。

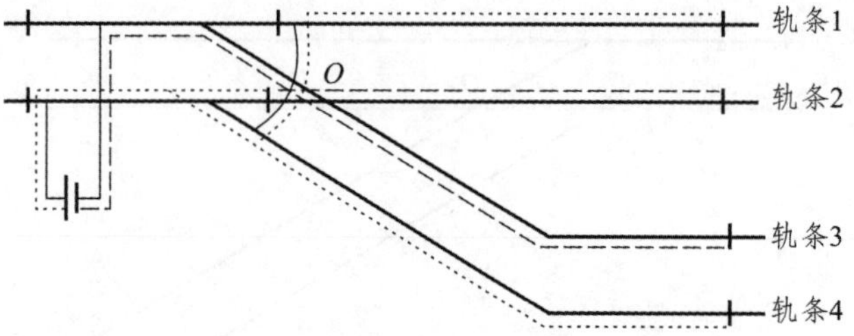

图 4-1-4　直股切割与道岔跳线

从图 4-1-4 中可见，轨条 1 与轨条 2、轨条 3 与轨条 4 之间便有了电压，此时便可以在其尾端加装受电设备，如图 4-1-5 所示。

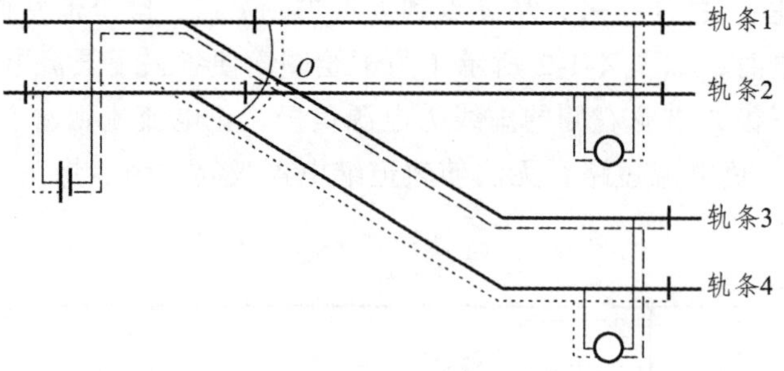

图 4-1-5　直股切割的一送双受区段

同样，也可以采用弯股切割实现一送双受，如图 1-4-6 所示。

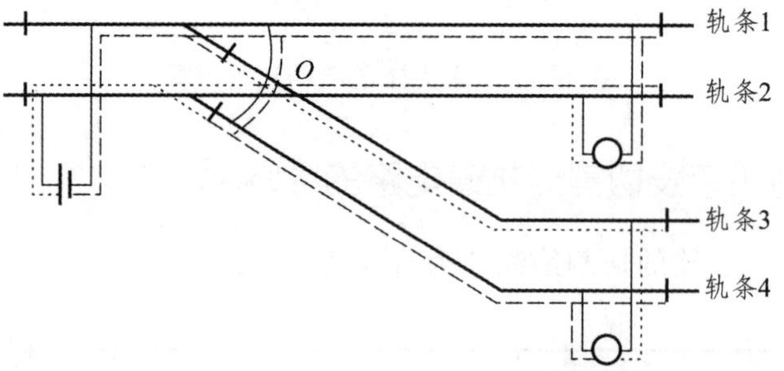

图 4-1-6　弯股切割的一送双受区段

三、直股切割和弯股切割的选择标准

当列车直股运行时，一个轮对的左、右轮受力几乎相等，但当列车弯股运行时，由于运行时左、右车轮的走行路径不对称及运行过程中列车受离心力的作用，左、右车轮受力变得不相等，如果此时采用弯股切割，切割绝缘的受力也不相等，因此：

（1）不实行轨道电路电码化的道岔区段，切割绝缘应设置在直股上。

（2）实行轨道电路电码化的道岔区段，切割绝缘必须设置在弯股上。

如图 4-1-7 所示，如果实行轨道电路电码化的道岔区段切割绝缘设置在直股上，图中，假设列车从左向右运行，电码化设备的发送器在直股上，因为弯股不需要实现轨道电路电码化，轨道旁的虚线表示传输的电码化编码，可见，有一段线圈（*A*—*B*）无法接收信息。

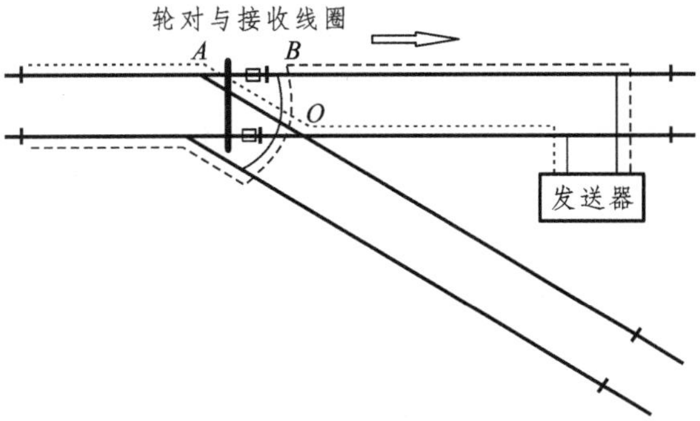

图 4-1-7　实现电码化的道岔区段采用弯股切割绝缘

还有一个影响切割绝缘设置的因素：极性交叉，这将在后面的任务中讲解。

四、一送多受区段

图 4-1-8 所示为一送三受道岔区段轨道电路，其中两组切割绝缘均为直股切割。

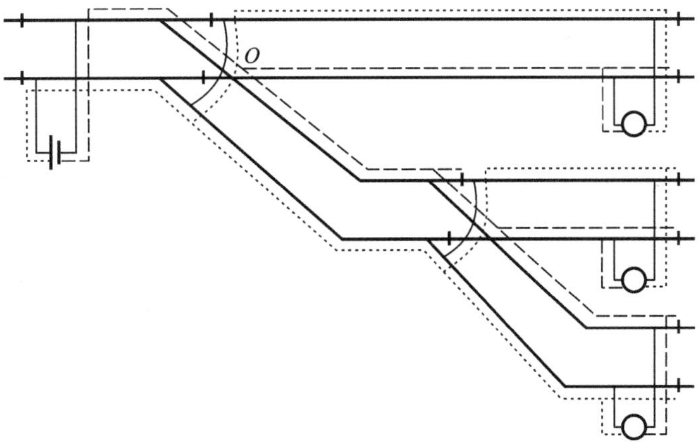

图 4-1-8　一送三受道岔区段轨道电路采用直线切割绝缘

在中国铁路标准中，最多只允许一送三受。一送二受轨道区段和一送三受轨道区段统称为一送多受轨道区段，它其实是一个区段，因为在一送多受区段上，无论哪个支线上有车占用，均不允许其他机车车辆侵入本区段。

图 4-1-9 所示为一送双受区段。图中，在弯股上有 *B* 车占用时，只有弯股后面的轨道继电器 DGJ1 失磁掉下；当直股有 *A* 车占用时，只有直股后面的轨道继电器 DGJ 会失磁掉下。而在进行车站信号控制的时候，需要一台继电器反映任何支路有车占用的情形，即任何支路有车占用时该继电器均掉下。对此，经典的解决方案如图 4-1-10 所示。

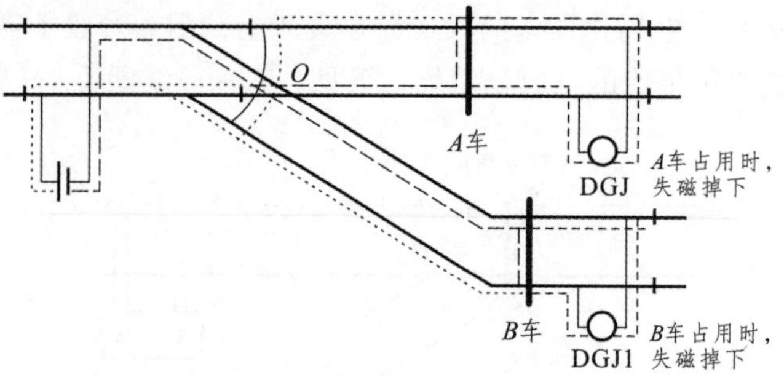

图 4-1-9　两台继电器的掉下时机

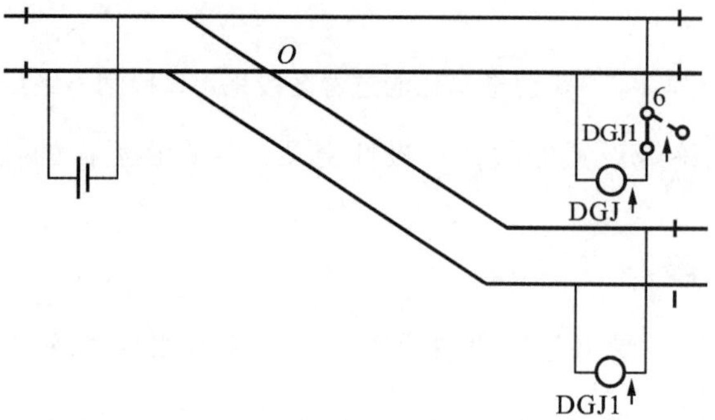

图 4-1-10　DGJ 卡 DGJ1 条件

从图 4-1-10 中可见，在 DGJ 的控制条件中，纳入 DGJ1 的第 6 组前接点，这样，当弯股有车占用时，DGJ1 失磁落下，DGJ 也落下；当直股有车占用时，DGJ 本身也会落下，即无论是弯股有车，还是直股有车，DGJ 均会落下。将 DGJ 作为控制条件纳入车站信号控制系统中。

任务实施

1. 什么是直股切割和弯股切割？

2. 电码化区段和非电码化区段对直股切割和弯股切割如何选择？

3. 根据图 4-1-10 中的 DGJ 纳入 DGJ1 的前接点条件，如果是一送三受区段，应该如何实现一个继电器完全表征轨道区段的占用和出清？请绘图说明。

思维拓展

请认真对比图 4-1-5 和图 4-1-6，你能发现什么问题呢？图中左侧送电时都是图下方的轨条为正，图上方的轨条为负，由于切割绝缘安装的位置不同，会造成后面直股和弯股的上、下轨条极性刚好相反，结合前面所讲的极性交叉的要求，请认真思考，同一组道岔不同的切割绝缘安装方式对极性交叉带来哪些影响？

任务二　站内轨道电路区段划分及钢轨绝缘节位置确定

任务导入

在实际的车站站场中，无论是道岔区段轨道电路还是非道岔区段轨道电路，均由多个轨道电路区段连接在一起，本任务介绍如何划分站内轨道区段，以及钢轨绝缘节位置的确定原则。

任务目标

1. 掌握站内轨道电路划分的原则；
2. 了解道岔锁闭和排列进路的相关概念；
3. 掌握站内绝缘节位置的确定原则。

相关知识

一、站内轨道区段的划分

一般来说，站内轨道区段的划分应考虑以下三个因素：① 保证轨道电路可靠工作；② 考虑满足平行作业；③ 考虑尽量提高作业效率。

具体措施如下：

（1）信号机前后应划分为不同的轨道电路区段。如图 4-2-1 所示，凡是有信号的地方，均应设置轨道绝缘，其前后分成两个不同的轨道电路区段。

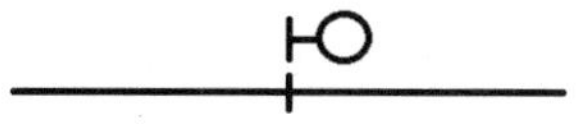

图 4-2-1　信号机前后分为不同的区段

根据前述，当轨道电路上停有车辆时便不允许其他车辆侵入，无车时才允许其他车辆进入，这个不允许或允许其他车辆侵入的信号是由信号机给出的，即图 4-2-1 中，只有区段 2 无车时，信号机才允许开放，否则，当区段 2 有车时，信号机不允许开放。这样，只有将信号机前后分为不同的轨道区段，信号机的防护才有意义。

无论是调车信号机、进站信号机还是出站信号机，其前后均应划分为不同的轨道电路区段。

（2）凡是能构成平行进路的线路，应设置绝缘节隔开。构成平行进路的线路常见有以下两种结构：

① 第一种结构如图 4-2-2 所示。图中 *a* 处带有圆圈的绝缘节称为侵限绝缘节（从轨道电路的角度，暂时可将其理解为一个普通绝缘节），其存在就是为了满足平行进路的需要。

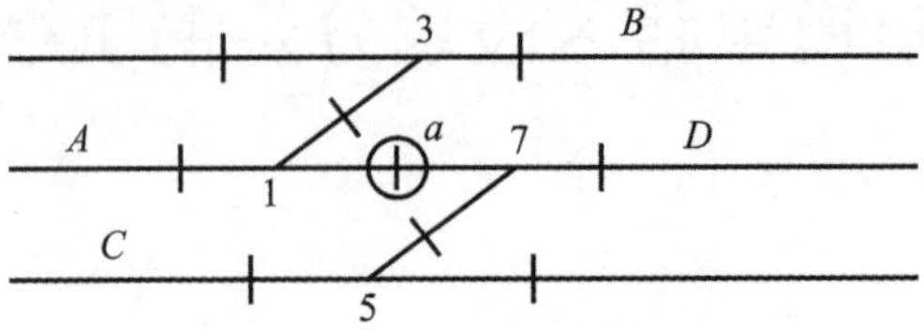

图 4-2-2　平行进路的第一种情形

所谓进路，是指列车走行的路径。平行进路可以认为是两个同时存在的进路。因为某个区段一旦有车占用便不再允许其他机车车辆侵入，所以应该理解为，两个平行进路不能有某个区段存在重叠部分。图 4-2-2 中，如果侵限绝缘节 *a* 不存在，1 号道岔和 7 号道岔将同时处在同一个轨道区段，此时如有一列车从 *A* 点经 1 号道岔和 3 号道岔反位运行至 *B* 点，1 号道岔和 7 号道岔所在区段将会被占用，于是不允许其他列车从 *C* 点经 5 号道岔和 7 号道岔反位运行至 *D* 点。如果用一个侵限绝缘节 *a* 将 1 号道岔和 7 号道岔隔开，让其分属于两个不同的区段，则有列车从 *A* 点运行至 *B* 点的同时，也允许其他列车从 *C* 点运行至 *D* 点，从而提高作业效率，如图 4-2-3 所示。

② 第二种结构如图 4-2-4 所示，即渡线的中间设置一个绝缘节将上、下两个线路的区段分开。这种情形下，一列车从 *A* 运行到 *B* 的同时，另一列车可以从 *C* 运行到 *D*。

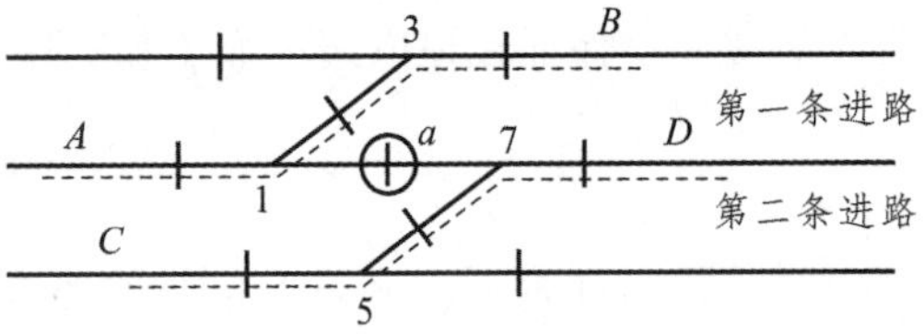

图 4-2-3　第一种平行进路的列车走行

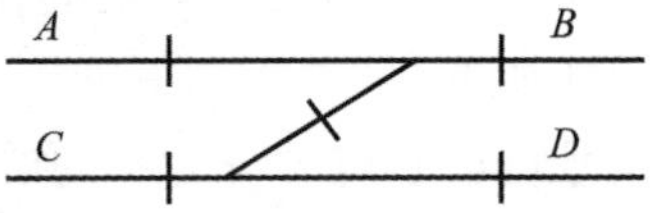

图 4-2-4　平行进路的第二种情形

（3）每个道岔轨道电路区段内，所包含的单开道岔不得超过三组、交分道岔不得超过两组，因为道岔太多，轨道电路受道岔分支漏泄电阻影响较大，轨道电路不易调整。

（4）在大站上，为了适应列车通过后，及时使道岔解锁，为排列其他进路创造条件，要把轨道电路区段适当划短，以提高咽喉通过能力。

二、道岔锁闭和排列进路

在项目一中介绍过，道岔可以处在定位或反位，实际上道岔还有一种状态，即其既不处于定位状态，也不处于反位状态，此时称为四开状态。道岔从定位扳向反位或从反位扳向定位的过程中就处于四开状态。道岔处于四开状态时，不允许列车从道岔通过，否则可能造成列车颠覆事故，所以列车从道岔经过时道岔一定处于定位或反位状态。

当道岔处于一个位置时（定位或反位），由于尖轨本身的弹力与列车经过时震动等因素的影响，原本密贴的尖轨和基本轨可能分离，使道岔处于四开状态，影响行车安全，因此，道岔处于某个位置时要进行锁闭，只有道岔转换到某个位置锁闭后，才允许列车通过，列车通过后才允许道岔解锁。

列车走行的进路中可能包含若干个区段和多组道岔，因此列车走行某条进路之前，至少要确定四件事：① 当前无其他列车从该条进路的某个区段经过；② 当前进路中所有区段均无车；③ 所有道岔在相应位置并锁闭；④ 本进路的任何区段不再允许其他车辆侵入。

如图 4-2-5 所示的一条进路。一列车从区段 1 向右运行至区段 5，要保证：无其他车辆欲从区段 1 至区段 5 经过，区段 1 至区段 5 无车，3 号道岔和 5 号道岔锁闭在定位。

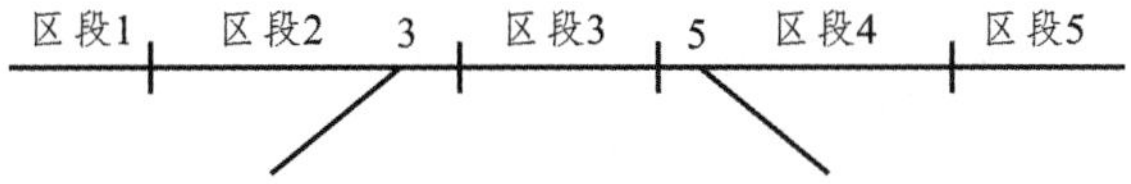

图 4-2-5　一条进路

为了满足上述第①～④条，现行铁路信号采取的策略是排列从区段 1 至区段 5 的进路，在满足第①～③条件下便可以选排进路成功，然后将进路锁闭，再实现第④条，当列车经过进路后，进路便可以解锁。

为了提高作业效率，区段采用逐段解锁方式。当列车向右运行（注意，运行的列车要满足项目一任务五中阐述的列车基本运行逻辑），完全从区段 1 出清进入区段 2 后，区段 1 便可以解锁，继续向右运行至完全从区段 2 出清进入区段 3 后，区段 2 便可以解锁，直至列车完全进入区段 5。

三、站内钢轨绝缘节位置的确定

（1）信号机处的钢轨绝缘节，原则上应和信号机并列设置，但绝缘节的安装需要轨缝，如果信号机安装位置没有轨缝，为了减少工务锯轨、串轨或换轨等工作，允许：

① 进站、接车进路、调车信号机的钢轨绝缘节设置在信号机前后各 1 m 的范围内。

② 出站信号机处的钢轨绝缘节设置在信号机前 1 m 和后方 6.5 m 的范围内，如图 4-2-6 所示。

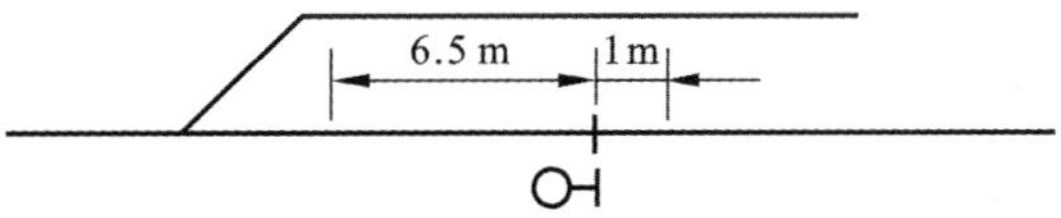

图 4-2-6　出站信号机处绝缘节的设置

（2）集中道岔的绝缘节在尖轨一侧时，应设在基本轨接缝处，如果设置在警冲标一侧，应装设在距离警冲标 3.5～4 m 处，注意，设置在渡线上的绝缘节位置不受上述 3.5～4 m 的限制。

以调车转线作业为例。如图 4-2-7 所示，在区段 1 有一机车要调往区段 3，这称为转线作业，方法是将 1 号道岔扳向定位开通直股，将机车从区段 1 运行至区段 2，然后再将 1 号道岔扳向反位开通弯股，开放调车信号机 D1，将机车从区段 2 运行至区段 3，这种机车运行称为折返运行。

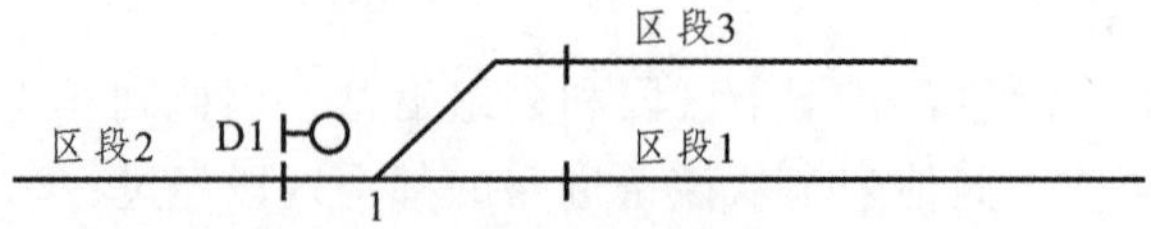

图 4-2-7　调车转线作业

为了减少折返运行机车走行的距离，D1 信号机应尽量靠近 1 号道岔，这便满足了“集中道岔的绝缘节在尖轨一侧时，应设在基本轨接缝处”的要求。

对于绝缘节装设在警冲标一侧的情况，我国各种车辆中，第一轮对（或第四轮对）中心至本侧车厢尾端的距离最大为 3.290 m，如图 4-2-8 所示。

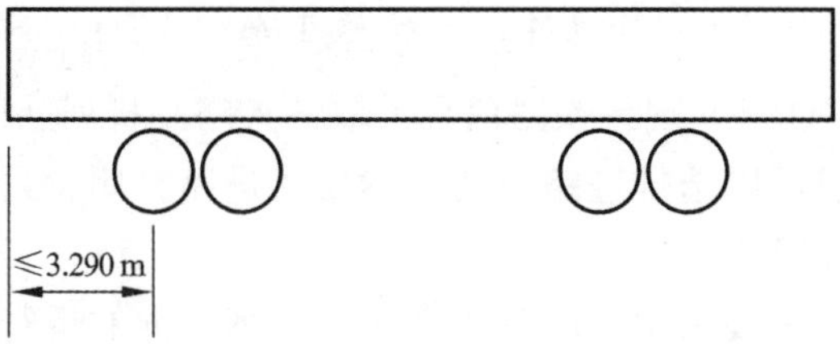

图 4-2-8　第一（第四）车轮中心至本侧车厢尾端的距离

在道岔后侧，如果警冲标与绝缘节之间小于 3.29 m，虽然车轮在绝缘节外侧，但车尾可能已经侵入到警冲标内侧，如图 4-2-9 所示。因此，为了安全并保有一定的余量，要求绝缘节距离警冲标 3.5 ~ 4 m。

如果在某种情况下无法将绝缘节设置在警冲标 3.5 m 外，甚至绝缘节在警冲标内侧，这种绝缘节称为侵限绝缘，在图上表示这种绝缘节是外画一个圆圈，如图 4-2-10 所示。

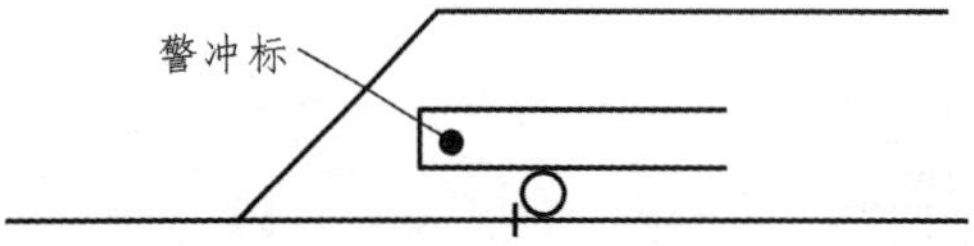

图 4-2-9　车尾端侵入警冲标

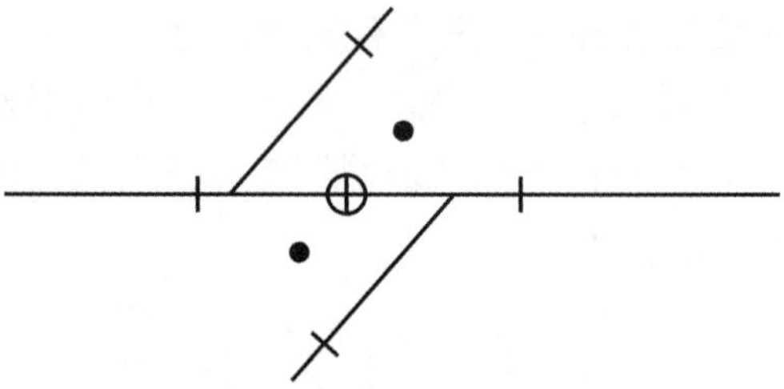

图 4-2-10　侵限绝缘节

（3）安全线、避难线上的绝缘节应尽量设置在尽头处，以防止机车车辆驶入后，机车信息丢失。

如图 4-2-11 所示的一段安全线。图中，3G 从左向右接车时，为防止某些原因列车不能在 3G 内停车冲入 ⅠG所在的正线，设置了安全线。接车时，1 号道岔和 3 号道岔开通直股，当列车无法在 3G 内停住车时就会冲入安全线。*a* 点处的绝缘节形状为“┛”，称为堵头绝缘节，其左侧有轨道电路受信号楼控制，为集中区，其右侧为非集中区，不设轨道电路，如果这个绝缘节没有尽量向尽头位置设置，则机车可能进入堵头绝缘与车挡（“-[”图标为车挡）之间的线路，从而无法反映其存在。

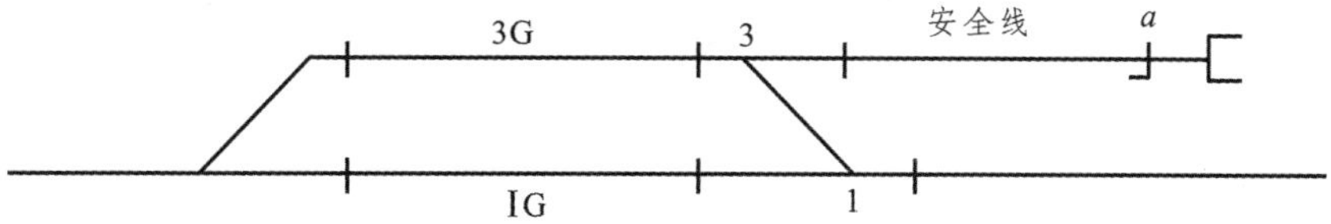

图 4-2-11　安全线上的绝缘节

（4）牵出线、机待线、尽头线或专用线的入口处设置的调车信号机前方应设有一段不小于 25 m 的轨道电路。如图 4-2-12 所示，专用线外侧为非集中区，如果有机车车辆从专用线进入本站，需要开放 D1 信号机，在 D1 的外侧需设置一段不小于 25 m 的轨道电路，该区段称为 D1 信号机的接近区段。

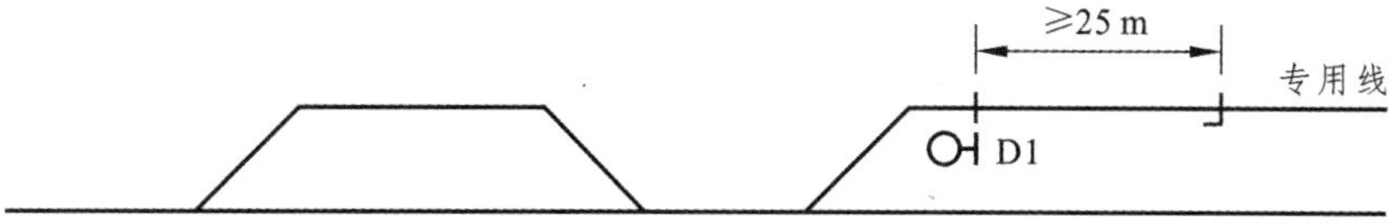

图 4-2-12　专用线

（5）轨道电路一端两条线路上的两组绝缘节应装设在同一坐标处，即需要并置，如果不能装在同一坐标处，需要错开装设时，就会出现所谓的轨道电路“死区间”，轮对在死区间内无法分路，如图 4-2-13 所示。

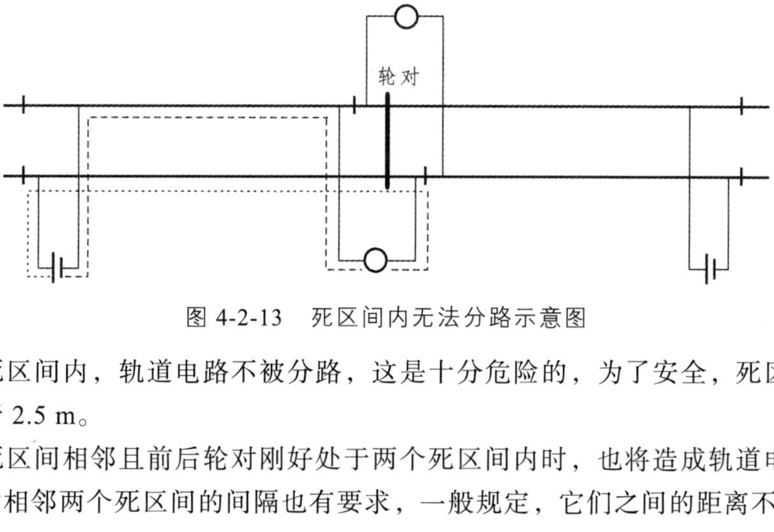

图 4-2-13　死区间内无法分路示意图

轮对在死区间内，轨道电路不被分路，这是十分危险的，为了安全，死区间的长度一般规定不大于 2.5 m。

当两个死区间相邻且前后轮对刚好处于两个死区间内时，也将造成轨道电路不会被分路，为此，对相邻两个死区间的间隔也有要求，一般规定，它们之间的距离不得小于 18m。

任务实施

1. 简述站内轨道电路划分的四条原则。
2. 简述影响绝缘节设置的因素。

任务三　站内轨道电路极性交叉配置

任务导入

在项目三任务五中，我们介绍了极性交叉的概念和作用，对站内轨道电路而言，极性交叉必须遵循“故障—安全”原则，因此，掌握轨道电路极性交叉的合理配置方法是十分必要的。

任务目标

1. 掌握站内无网孔回路的轨道电路极性交叉配置方法；
2. 掌握站内有网孔回路的轨道电路极性交叉配置方法和步骤。

相关知识

一、无网孔回路的轨道电路极性交叉配置

认真对比本项目任务一中图 4-1-5 和图 4-1-6 所示的结构相同的道岔轨道区段，就会发现，在送电端极性相同的情况下，由于道岔切割绝缘的安装方式不同，图 4-1-5 中轨条 1 为正电、轨条 2 为负电，而图 4-1-6 中轨条 1 为负电、轨条 2 为正电，同一个轨条正负电的极性刚好相反，这将影响后续（即右侧）轨道电路极性交叉的配置。

在站场平面布置图中的某区域，如果没有闭合回路的情形，则其极性交叉配置较容易处理，只需要依次改变轨道电路的电源极性就可以了，如图 4-3-1 所示。

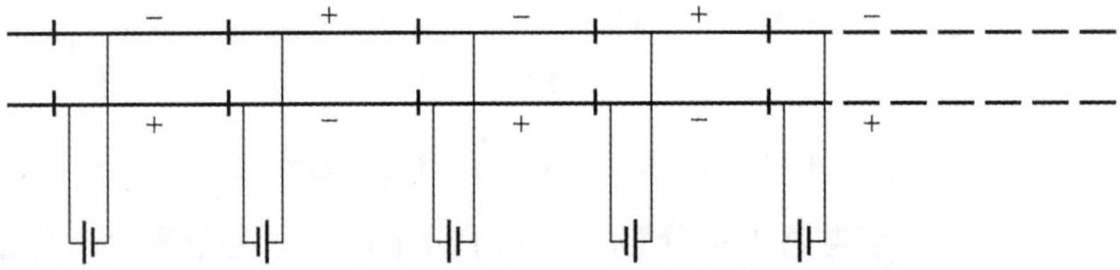

图 4-3-1　无网孔回路的轨道电路极性交叉配置

二、有网孔回路的轨道电路极性交叉配置

对于有网孔回路的轨道电路，配置极性交叉就比较麻烦了，核心问题是如何合理配置道岔切割绝缘，如果考虑不充分、不得当，会顾此失彼，徒劳无功。

（一）单线站场图切割绝缘的画法

将图 4-1-5 所示的双线轨道电路图绘制成添加了道岔切割绝缘的单线站场图，如图 4-3-2 所示。将图 4-1-6 所示的双线轨道电路图绘制成添加了道岔切割绝缘的单线站场图，如图 4-3-3 所示。

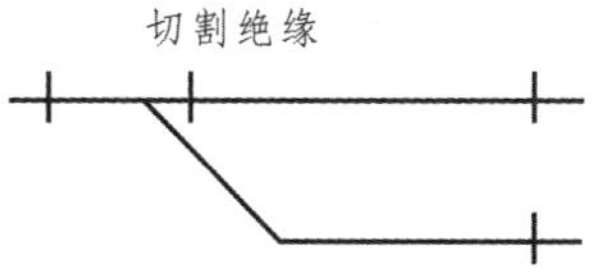

图 4-3-2　直股切割绝缘的单线站场图形

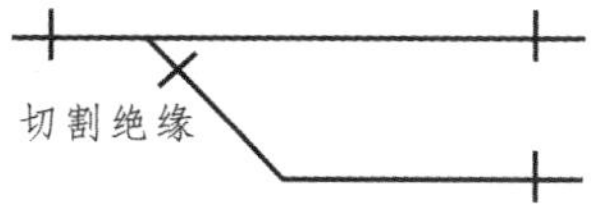

图 4-3-3　弯股切割绝缘的单线站场图形

（二）配置极性交叉的方法和步骤

下面以图 4-3-4 所示的站场为例介绍极性交叉的配置方法和步骤。

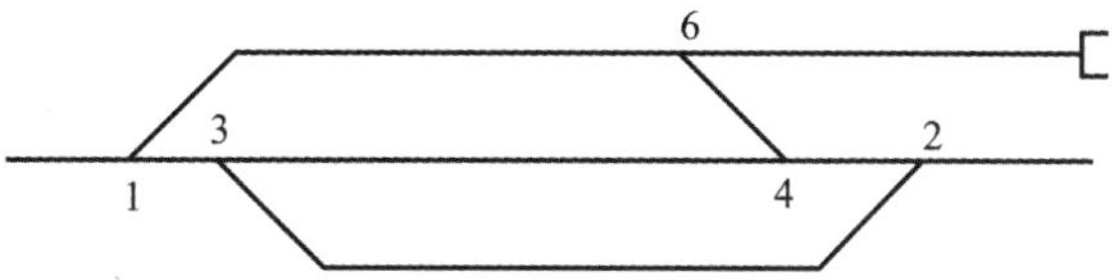

图 4-3-4　站场平面基础图形

1. 第一步，根据车站信号平面布置图划分轨道电路区段

根据本项目任务二给出的 4 条基本原则绘制车站轨道电路单线平面图。图上把全部轨道绝缘绘出来，如图 4-3-5 所示。

2. 第二步，绘制道岔绝缘（即道岔切割绝缘）

道岔绝缘可绘制在直股上，也可以绘制在弯股上，基本要求要满足本项目任务一中介绍的直股切割和弯股切割的选择标准，如图 4-3-6 所示。

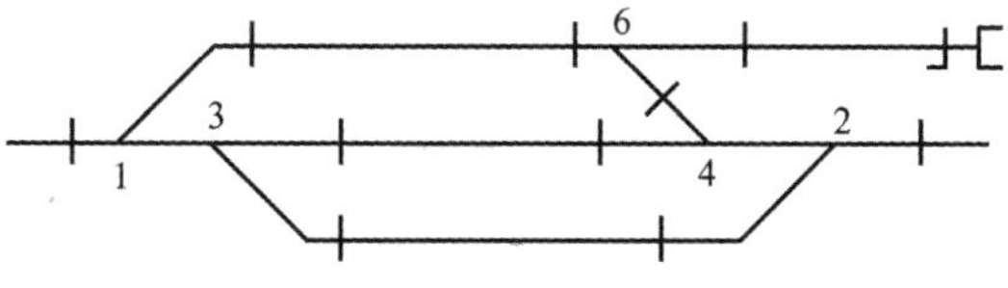

图 4-3-5　车站轨道电路的划分

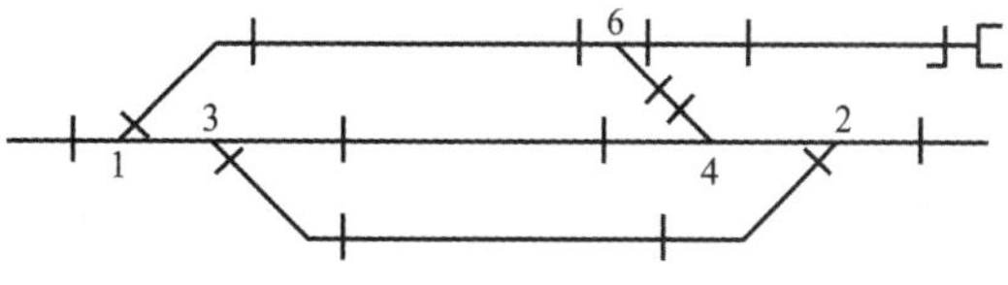

图 4-3-6　道岔绝缘设置

3. 第三步，划分网孔回路

平面图中的一个网孔是一个自然“孔”，它限定的这个区域内不再有其他支路，网孔用罗马数字标称，再将道岔绝缘的锐角（即形成的网孔回路的锐角）处用虚线画弧，如图 4-3-7 所示。有了这样的单线图，就可以判断出车站能否实现轨道电路合理的极性交叉。

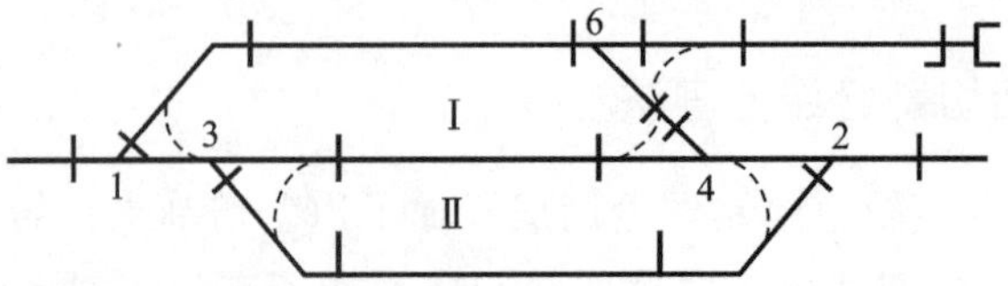

图 4-3-7　网孔回路

4. 第四步，判断极性交叉是否合理

图 4-3-7 中，形成了两个回路，分别为Ⅰ和Ⅱ，当每个回路中的轨道绝缘（含道岔绝缘）数量之和为偶数时，说明极性交叉正确，相反为奇数时则不正确。注意：计数时，有虚线弧的锐角处的道岔绝缘不计算在内，因为它不影响极性交叉。可以看出，回路Ⅰ中有 5 组绝缘节，回路Ⅱ中有 4 组绝缘节，这样回路Ⅱ可以实现极性交叉，而回路Ⅰ无论如何实现不了极性交叉。

5. 第五步，不能实现极性交叉的网孔的解决方案

图 4-3-7 中的网孔Ⅰ无法实现极性交叉，最佳的解决方案是调整道岔绝缘的位置，使回路中绝缘节的数量达到 4 组或 6 组。我们可以把 6 号道岔后的道岔绝缘从直股切割改为弯股切割，回路Ⅰ中的绝缘节数量由 5 组变为 6 组，此时回路Ⅰ就能实现极性交叉配置了。

注意：在调整某一回路中的绝缘节时，应考虑其邻接的另一回路的极性交叉配置是否受到了影响，如果有影响，就得采用其他技术手段（如人工极性交叉）来解决，人工极性交叉如图 4-3-8 所示。

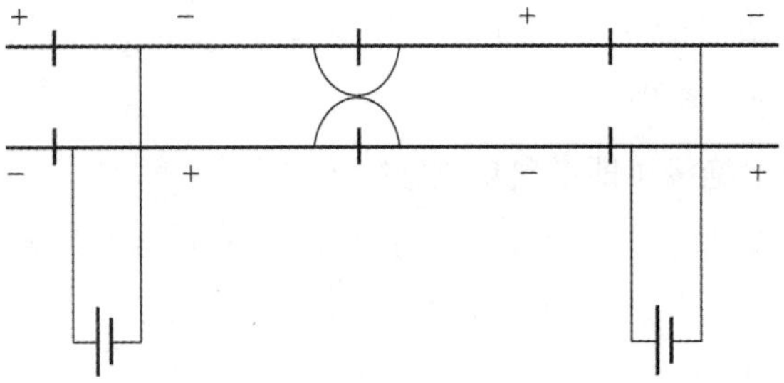

图 4-3-8　轨道电路人工极性交叉

另外应注意，道岔绝缘从弯股切割改为直股切割时，不能对电码化有影响，如果影响了电码化，则不能改成直股切割了，可以采用人工极性交叉来解决。

任务实施

1. 极性交叉配置的方法和步骤是：

第一步____。

第二步____。

第三步____。

第四步　　　　　　　判断是否满足极性交叉　　　　　　　　　。

当第四步判断为不满足时：

第五步　解决方法 1：____。

　　　　解决方法 2：____。

2. 根据图 4-3-9 所示的站场基础图形，完成极性交叉配置。

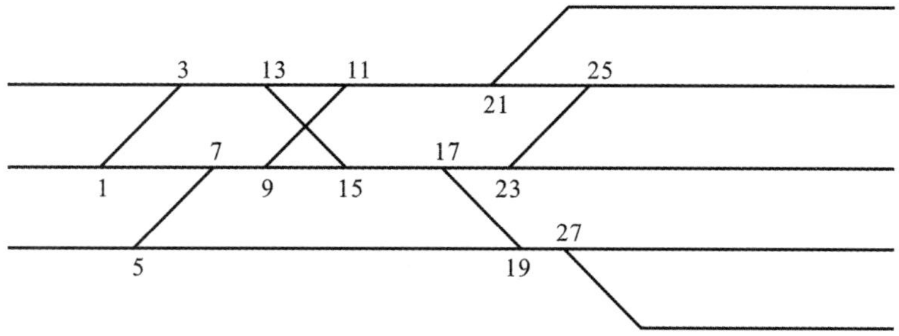

图 4-3-9　完成极性交叉配置的基础站场图形

任务四　站内轨道电路命名

任务导入

在铁路信号系统中，站内轨道电路的命名有相应的规范，规范而标准的轨道电路名称是铁路信号专业人员进行交流的基础。

任务目标

1. 掌握道岔的命名规范；
2. 掌握轨道电路的命名规范。

相关知识

轨道电路的命名与道岔的名称息息相关。

一、道岔命名

道岔命名有以下的几条原则：

（1）道岔名称用数字表征：下行咽喉用单数；上行咽喉用双数。

（2）从站外向站内依次命名。

（3）渡线两端的道岔连续命名。

（4）坐标相同的道岔从近信号楼端向远信号楼端依次命名。

图 4-4-1 所示就是按上述原则命名的道岔名称，左侧为下行咽喉。

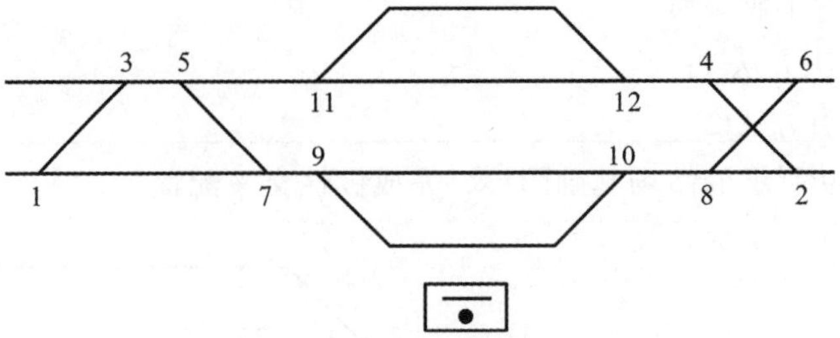

图 4-4-1　道岔命名

二、轨道电路命名

（一）道岔区段轨道电路的命名

道岔区段轨道电路以“××+DG”的形式命名。

（1）当道岔区段只包含一组道岔的时候，轨道电路以“道岔号+DG”的形式命名，如图 4-4-2 所示的轨道电路区段名称为“7DG”。

（2）当道岔区段包含两组或两组以上的道岔时，轨道电路以“最小道岔号-最大道岔号+DG”的形式命名，如图 4-4-3 所示的轨道电路区段名称为“3-15DG”。

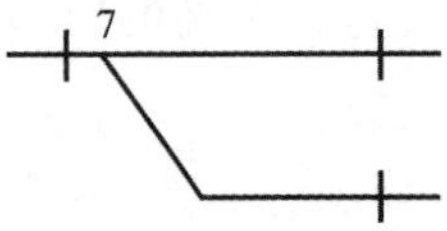

图 4-4-2　只包含一组道岔的道岔区段

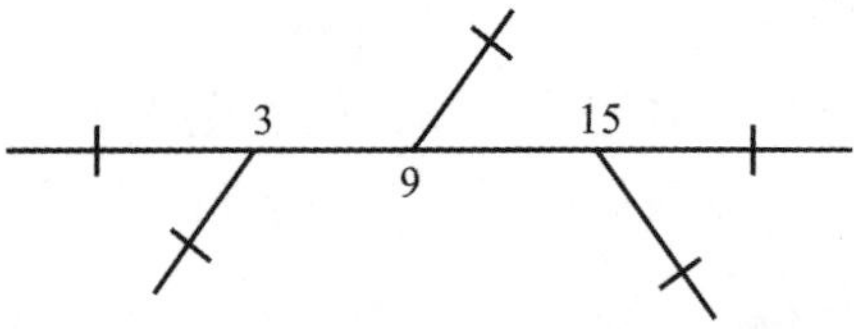

图 4-4-3　包含多组道岔的道岔区段

（二）无道岔区段轨道电路的命名

（1）当轨道电路区段夹于两组道岔之间时，轨道电路以“小号道岔名/大号道岔名+WG”的形式命名，如图 4-4-4 所示的轨道电路区段名称为“3/11WG”。

（2）当轨道电路区段两侧不同时有道岔，而作为某信号机的接近区段时，轨道电路以“信号机名称+G”的形式命名，如图 4-4-5 所示的无岔区段轨道电路名称为“D21G”。

图 4-4-4　夹于两道岔之间的无岔区段

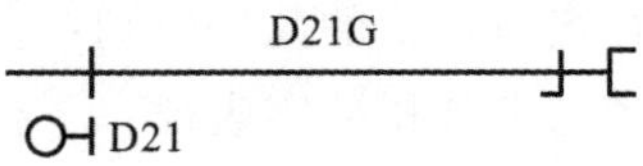

图 4-4-5　作为信号机接近区段的无岔区段

（3）进站信号机内方的无岔区段的轨道电路命名较为特殊：下行咽喉命名方式为“以其对准的股道号+AG”；上行咽喉命名方式为“以其对准的股道号+BG”，如图 4-4-6 所示的“ⅠAG”“ⅡAG”“ⅠBG”和“ⅡBG”。

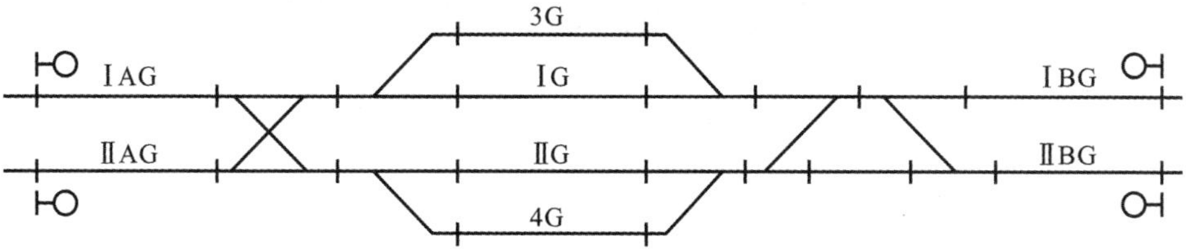

图 4-4-6　进站信号机内的无岔区段

股道命名参见项目一任务四中的介绍，这里不再赘述。

注意：在平面布置图中，道岔区段轨道电路的名称并不标出，只有无岔区段和股道的名称给予标出。

任务实施

1. 请将正确内容填入表 4-4-1 的右栏中。

表 4-4-1　轨道电路的名称

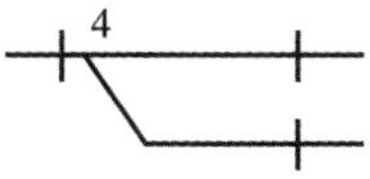	
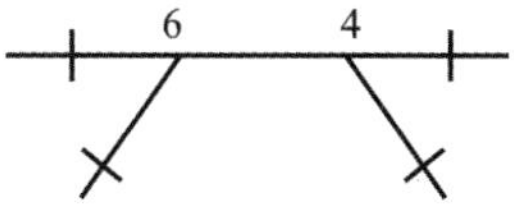	

2. 根据图 4-4-7 所示的站场对股道、道岔和轨道电路进行命名。

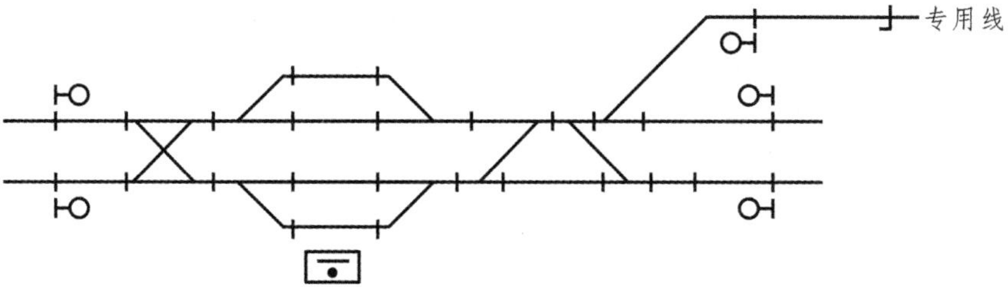

图 4-4-7　待命名的站场图形

项目五　工频交流连续式轨道电路

知识导图

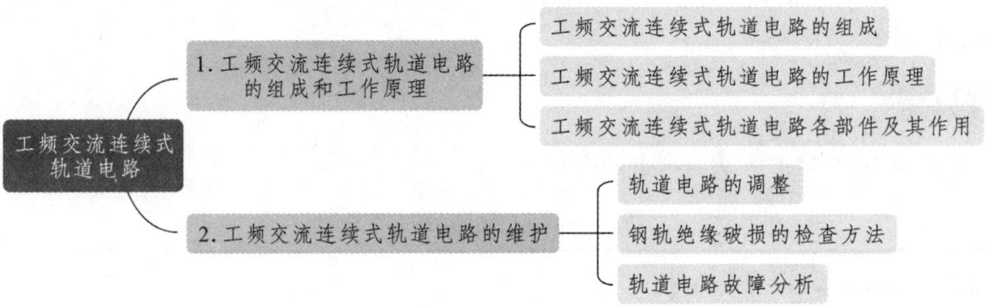

项目描述

前面讲述了轨道电路的基本原理和站内轨道电路的基本原理，这些原理的具体落实必定离不开具体的轨道电路制式，工频交流连续式轨道电路作为最基本的轨道电路制式，虽然在现场应用有限，但它是理解轨道电路具体制式的第一步，本项目将对它进行介绍。

学习目标

1. 掌握工频交流连续式轨道电路的组成及其各部件的作用；
2. 掌握工频交流连续式轨道电路的原理和电路调整；
3. 掌握工频交流连续式轨道电路的绝缘节破损检查方法；
4. 掌握工频交流连续式轨道电路的故障分析方法。

能力目标

1. 能进行工频交流连续式轨道电路的基本维护；
2. 能进行工频交流连续式轨道电路的基本故障分析。

素质目标

1. 培养分析问题和解决问题的能力；
2. 树立“安全第一”的责任意识，培养“精益求精”的工匠精神；
3. 培养不断探索的学习精神和勇于创新、敢于创新的精神。

任务一　工频交流连续式轨道电路的组成和工作原理

任务导入

项目三介绍了轨道电路的基本原理，其任务一中给出的结构模型为基础模型，这个模型要落实到具体的制式中，就需要考虑诸多的技术细节。本任务介绍工频交流连续式轨道电路的组成和基本原理。请对比项目三任务一的相关内容进行学习。

任务目标

1. 掌握工频交流连续式轨道电路的组成及其各部件的作用；
2. 掌握工频交流连续式轨道电路的基本原理。

相关知识

工频交流连续式轨道电路采用工频 50 Hz 交流电源，以 JZXC-480 型继电器为轨道继电器，故又称 JZXC-480 型交流轨道电路。这种轨道电路实质上是交直流轨道电路，电源是交流电，钢轨中传输的是交流电，而轨道继电器为整流式；与其他交流轨道电路相比，无须调整相位角。

工频交流连续式轨道电路的结构简单，随着电气化的兴起，该种制式轨道电路的应用场景受到限制，但是作为最基本的轨道电路制式，理解它是进一步理解其他制式轨道电路的基础。

工频交流连续式轨道电路主要存在两方面的缺点：

（1）不能适应电气化的需要。

（2）电气特性上存在诸多缺点，如道床电阻变化适应范围小、极限传输长度短、分路灵敏度低、防雷性能差、形成雨天“红光带”和分路不良等，影响行车安全。

一、工频交流连续式轨道电路的组成

工频交流连续式轨道电路的构成如图 5-1-1 所示。它由送电端、受电端、钢轨绝缘、钢轨引接线、钢轨接续线以及钢轨组成。

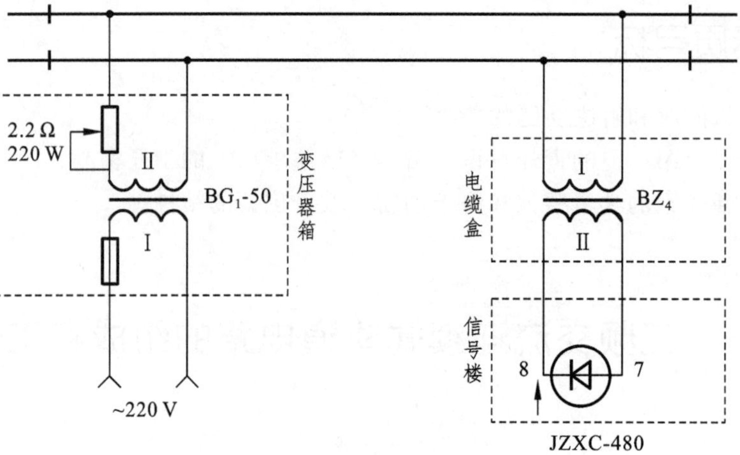

图 5-1-1 工频交流连续式轨道电路

送电端包括 BG_1-50 型轨道变压器、R-2.2/220 型变阻器，安装在变压器箱内，电源由室内用电缆送至送电端。

受电端包括 BZ_4 型（或 BZ_4-A 型）中继变压器及 JZXC-480 型轨道继电器。其中，中继变压器设在变压器箱或电缆盒内，轨道继电器设在室内组合架上。

送、受电端视相邻轨道电路的不同组合，有双送、一送一受、双受以及单送、单受等不同方式，除双受、单受可采用终端电缆盒外，其他情况必须采用变压器箱。

变压器箱或电缆盒由钢轨引接线接向钢轨。

钢轨接续线用来连接相邻钢轨，以减小钢轨接头处的接触电阻。

钢轨绝缘设于轨道电路分界处，用于隔离相邻的轨道电路。

二、工频交流连续式轨道电路的工作原理

当轨道电路完整且无车占用时，交流电源由送电端经钢轨传输至受电端，轨道继电器吸起，表示本轨道电路空闲，此时轨道继电器的交流端电压应在 10.5 ~ 16 V 之间，即高于轨道继电器工作值（9.2 V）15%，有此安全系数，可以保证轨道继电器能可靠励磁。较长的和道床电阻较低的轨道电路，应参照调整表调整其轨道变压器的输出电压。

当有车占用轨道电路时，轨道电路被车辆轮对分路，使轨道继电器端电压低于其工作值，轨道继电器落下，表示本轨道电路被占用。分路时，轨道继电器的交流残压值不得大于 2.7 V，即轨道继电器释放值（4.6 V）的 60%，以低于释放值 40%的安全系数保证轨道继电器可靠释放。

三、工频交流连续式轨道电路各部件及其作用

（一）轨道变压器

BG 型轨道变压器主要用于轨道电路供电，目前使用的类型有 BG_1-300、BG_2-300 和

BG_1-50 型（旧型号分别为 BG_1、BG_2、BG_5），以 BG_1-50 型居多，其外形如图 5-1-2 所示。

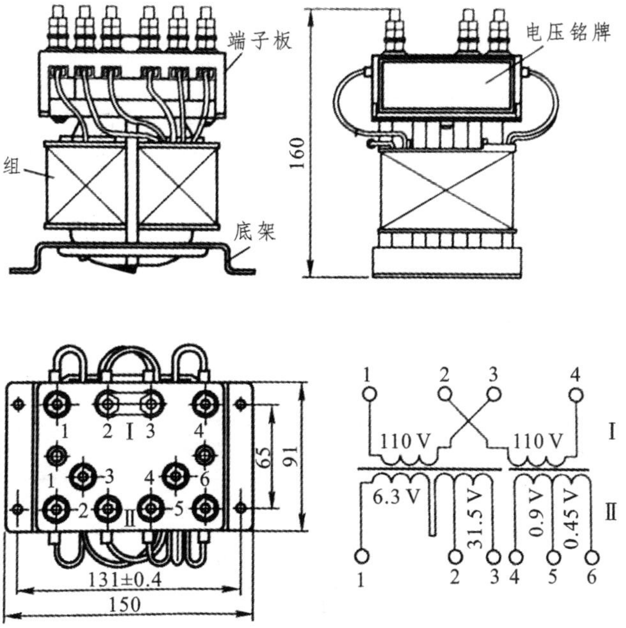

图 5-1-2　BG_1-50 型轨道变压器

BG 型轨道变压器的电气特性如表 5-1-1 所示。

表 5-1-1　BG 型轨道变压器的电气特性

类型	额定容量/(V·A)	额定电压/V		额定电流/A		空载电流不大于/A	安装尺寸/mm	质量/kg
		一次	二次	一次	二次			
BG_1-300	300	220	0.4 ~ 17.6	1.86	18	0.20	4 孔 ø7 194 × 104	8.5
BG_2-300	300	220	5.5 ~ 247.5	1.86	1.21	0.20	4 孔 ø7 194 × 104	8.5
BG_1-50	50	220	0.45 ~ 10.8	0.25	4.5	0.02	4 孔 ø6.5 134 × 65	3.35

可通过改变变压器二次侧的端子连接，获得不同的输出电压。BG_1-50 型轨道变压器二次侧线圈电压如表 5-1-2 所示。

表 5-1-2　BG_1-50 型轨道变压器二次侧的绕组电压

电压/V	使用端子	连接端子	电压/V	使用端子	连接端子
10.80	1-6	3-4	5.40	1-4	2-5
10.53	1-5	3-4	4.95	1-4	2-6

续表

电压/V	使用端子	连接端子	电压/V	使用端子	连接端子
9.90	1-6	3-5	4.50	2-6	3-4
9.45	1-3	—	4.05	2-5	3-4
9.00	1-5	3-6	3.60	2-6	3-5
8.55	1-4	3-5	3.15	2-3	—
8.10	1-4	3-6	2.70	2-5	3-6
7.65	1-6	2-4	2.25	2-4	3-5
7.20	1-5	2-4	1.80	2-4	3-6
6.75	1-6	2-5	1.35	4-6	—
6.30	1-2	—	0.90	4-5	—
5.85	1-5	2-6	0.45	5-6	—

（二）中继变压器

中继变压器用于轨道电路受电端，BZ_4型中继变压器与 JZXC-480 型轨道继电器配合使用，可使钢轨阻抗与轨道变压器阻抗相匹配。BZ_4型中继变压器的外形如图 5-1-3 所示，安装尺寸为 4 孔 ø3.6，孔距为 72 mm × 40 mm，质量为 0.5 kg。

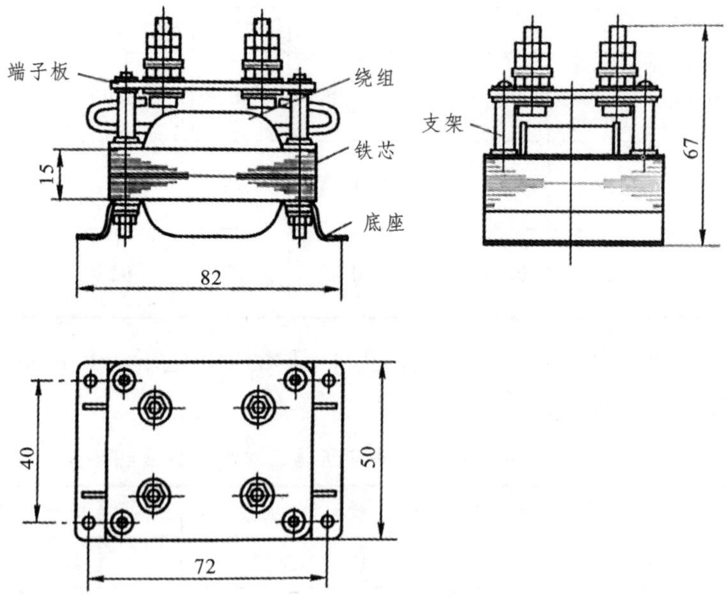

图 5-1-3　BZ4 型中继变压器

BZ_4 型变压器的电气特性如表 5-1-3 所示。BZ_4-A 型变压器是 BZ_4 型变压器的改进产品，性能有所提高。

表 5-1-3　BZ_4 型变压器的电气特性

型号	额定容量/(V·A)	额定电压/V		一次侧额定电流/A	二次侧空载电流/A	备注
		一次侧	二次侧不小于			
BZ_4	1	0.5	9	2.5	0.2 ~ 0.3	50 Hz
BZ_4-A	2	0.5	9.4 ~ 11	3.5	0.25 ~ 0.27	60 Hz
	20	≥8	220			650 Hz

（三）变阻器

轨道电路用的变阻器为 R-2.2/220 型，其工作电压不高，结构简单，牢固耐久，易调可靠，散热迅速。R-2.2/220 型变阻器的外形如图 5-1-4 所示，外形尺寸为 235 mm × 50 mm × 217 mm，安装尺寸为 4 孔 ø8，孔距为 215 mm × 30 mm。

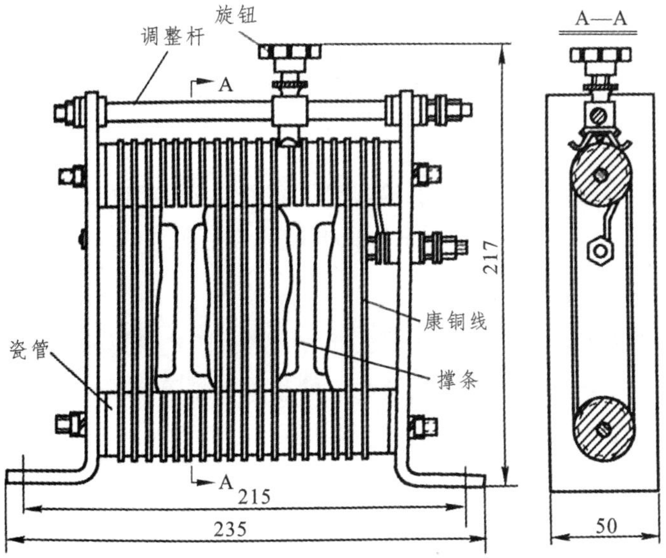

图 5-1-4　R-2.2/220 型变阻器

R-2.2/220 型变阻器的阻值为 2.2 Ω，功率 220 W，容许电流 10 A，容许温升 105 °C。

（四）钢轨绝缘

钢轨绝缘安装在轨道电路分界处，以保证相邻轨道电路之间的电气绝缘可靠，使它们互不影响。

除了钢轨绝缘外，轨道电路区段的轨距保持杆、道岔连接杆、道岔连接垫板、尖端杆、转辙机的安装装置以及其他有导电性能的连接两钢轨的配件，均应装设绝缘并应保持绝缘良好。否则，任一连接杆件绝缘不良，都会破坏轨道电路的正常工作。

1. 对钢轨绝缘的要求

钢轨绝缘受机车车辆的频繁冲压，又处于日晒雨淋、酷暑严冬的环境中，是轨道电路的薄弱环节，因此对它有以下要求：

（1）钢轨绝缘的结构，应能保证在钢轨爬行的情况下，以及在列车运行中产生的压力、冲击力和气温变化时产生的膨胀力的作用下，不至于被损坏。

（2）钢轨绝缘应采用机械强度高的、具有可靠电气绝缘性能的绝缘材料，以保证绝缘性能和使用寿命。

同时对钢轨绝缘的材料也有一定要求。制作钢轨绝缘的材料很多，主要有钢纸板、玻璃布板、尼龙塑料板等。

玻璃布板钢轨绝缘采用环氧酚醛树脂或改性树脂玻璃布绝缘材料压制而成，它比钢纸绝缘耐潮、耐磨，不易损坏。

尼龙塑料板钢轨绝缘采用尼龙制成，它比钢纸绝缘耐潮、耐磨且成本低，但低温下有脆性。

胶接钢轨绝缘是新型的结构，用胶结剂及纤维布组成胶结层，将鱼尾板与钢轨胶接牢固。

2. 钢轨绝缘的形式

钢轨绝缘由轨端绝缘、槽形绝缘、绝缘管、绝缘垫圈等组成。槽形绝缘按分段形式，可分为一段（整体）、二段、三段三种，按轨型可分为 P-43 kg、P-50 kg 和 P-60 kg 三种。

1）整体槽形钢轨绝缘

整体槽形钢轨绝缘安装总图如图 5-1-5 所示。需一段式槽形绝缘 2 块，轨端绝缘 1 ~ 2 片，绝缘垫圈 12 个，绝缘管 12 个，以及相应的垫圈、螺栓、螺母和弹簧垫圈。

整体槽形绝缘如图 5-1-6 所示，轨端绝缘如图 5-1-7 所示。

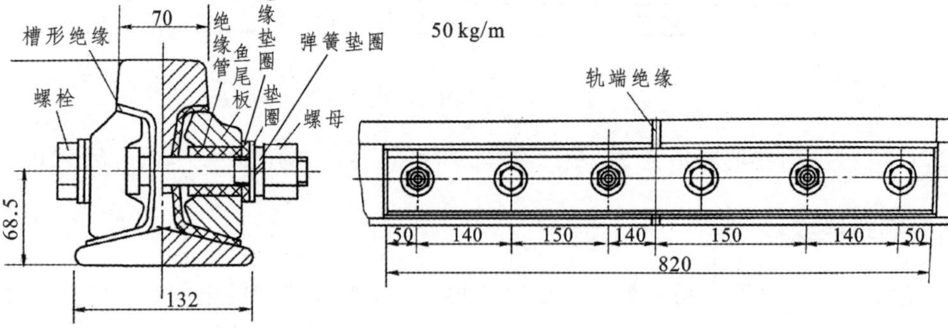

图 5-1-5　整体槽形钢轨绝缘安装总图

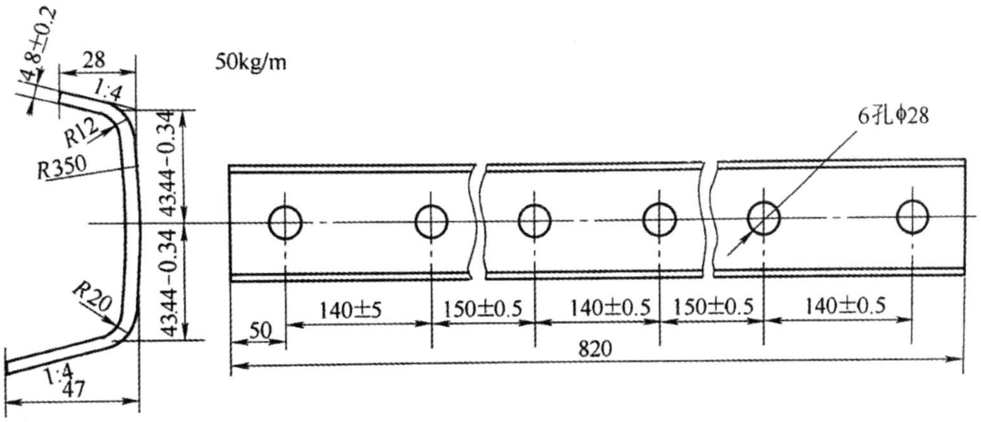

图 5-1-6　整体槽形绝缘

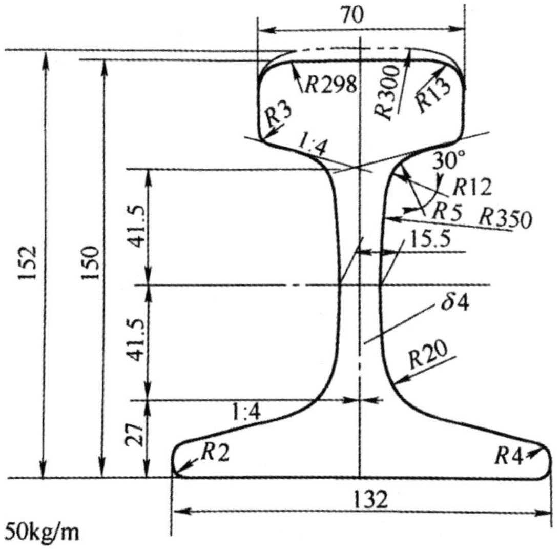

图 5-1-7　轨端绝缘

2）二段槽形绝缘

二段槽形绝缘将槽形绝缘分成两块，可互换使用。分段后钢轨接缝处正好是槽形绝缘的接缝处，使该处处于自由状态，从而减小了对槽形绝缘的破坏，延长了使用寿命。

配套采用宽腰轨端绝缘，加宽了轨端绝缘相应于轨腰的部分，分为 A 型和 B 型两种，如图 5-1-8 所示，A 型为带自锁腰型（图中腰部实线者），凸出部分插入鱼尾板凹槽内，改善了整个轨端绝缘的受力情况；B 型为不带自锁腰型（图中腰部虚线者）。

3）三段槽形绝缘

三段槽形绝缘将绝缘分为左、中、右三块。50 kg/m 绝缘三块均可互换。43 kg/m 绝缘只有左右两块可互换。

除槽形绝缘外，二段式、三段式的其他部件数量同前述整体槽形绝缘方式。

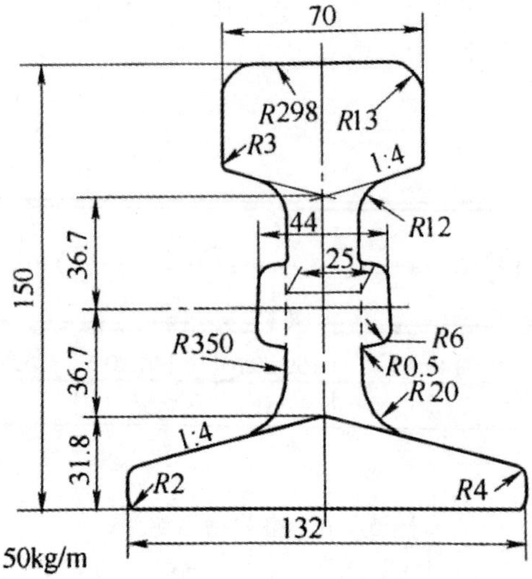

图 5-1-8　宽腰轨端绝缘

为保证绝缘接头的机械强度和电气绝缘良好，槽形绝缘的型号必须与安装的钢轨断面尺寸相符，轨缝尽量大一些，以安装 1 ~ 2 片轨端绝缘为宜。安装后，两钢轨头部应水平，轨端绝缘保持平正。接头附近不得出现积水翻浆现象。

钢轨绝缘接头处应推广采用高强度钢轨绝缘，即使用高强度螺柱、螺母、铁平垫圈和高强度绝缘垫圈，以增加钢轨接头的机械强度，有效延长钢轨绝缘的使用寿命。

（五）股道电路连接线

轨道电路连接线包括引接线、钢轨接续线（以及道岔跳线）。

1. 钢轨引接线

YG 型钢轨引接线（简称引接线）是连接轨道电路送、受端变压器箱或电缆盒与钢轨的导线。一般用涂有防腐油的多股钢丝绳（低碳素钢镀锌绞线）制成，如图 5-1-9 所示。它的一端焊在塞钉上，固定在钢轨上的塞钉孔内；另一端焊接在螺柱上，固定在变压器箱或电缆盒上。引接线按长度分为 1200、1600、2700、3600 四种，最大电阻值分别为 0.016 Ω、0.021 Ω、0.035 Ω、0.045 Ω。

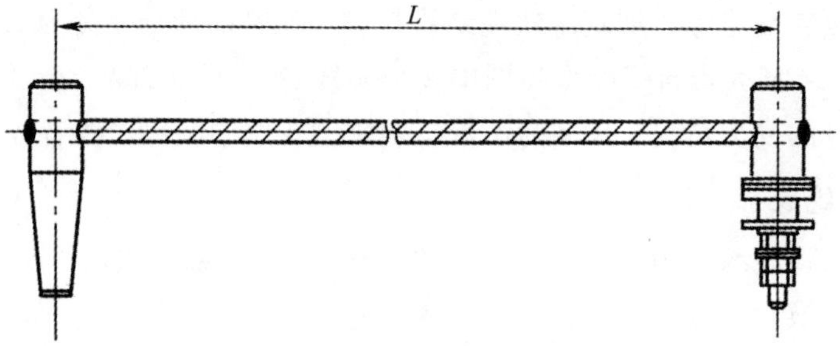

图 5-1-9　YG 型钢轨引接线

当变压器箱、电缆盒与异形钢轨连接时，原采用 2700 mm 或 3600 mm 的引接线，将其用卡钉钉在枕木上或用卡具固定在混凝土枕上。因引接线穿越钢轨难以固定，且易与钢轨相碰。现多采用先由电缆过轨，与设在另一侧的 HZ0 型电缆盒相连，再由该电缆盒用引接线接至钢轨。

引接线电阻的大小影响着轨道电路工作的状态，过大，会使轨道电路工作不稳定；过小，会降低轨道电路分路灵敏度。

引接线长度要满足连接设备之间的直线距离，并留有适当余量。引接线与周围金属应保持适当间隙，以免短路。运用中的引接线应不生锈，断根不超过 1/5，以免增加电阻值。

变压器箱、电缆盒与钢轨间应设置埋设牢固的小混凝土枕，将引接线的余量部分盘成圆圈固定在小混凝土枕上。

为保证引接线的可靠性，现场多采用双引接线，一根断了，还有一根在起作用。

为引接可靠以及具有绝缘性能，采用 FYG 型防腐蚀综合绝缘护套钢轨引接线，它们的长度和直流电阻值同 YG 型钢轨引接线。

2. 钢轨接续线

钢轨接续线用于轨道电路接缝处的连接，以减小接触电阻。钢轨接续线分为塞钉式和焊接式两种。

1）塞钉式钢轨接续线

JS 型塞钉式钢轨接续线的外形及安装如图 5-1-10 所示。它由两根直径 5 mm 的镀锌钢线与两端的圆锥形塞钉焊接而成，钢线两端绕成螺旋形。钢轨接续线一般装在钢轨外侧，并与鱼尾板密贴，高度不得超过轨头底部。安装时，塞钉孔内不得有锈蚀。安装后，塞钉与塞钉孔缘应涂漆封闭。为减小塞钉与钢轨之间的接触电阻，塞钉打入塞钉孔应保持最大的接触面，以打紧后露出钢轨 2 ~ 3 mm 为宜。

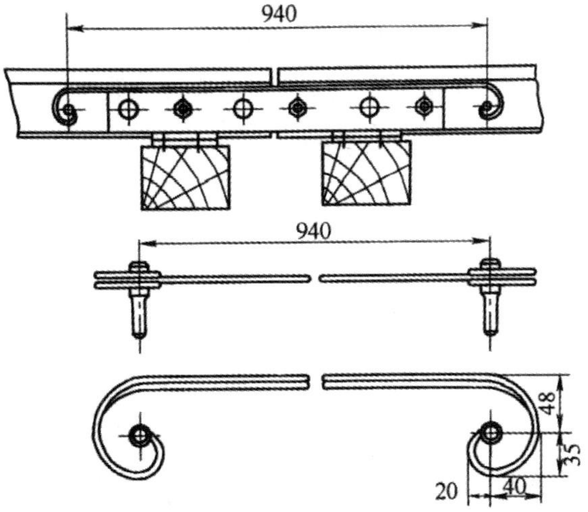

图 5-1-10　塞钉式钢轨接续线及其安装

塞钉式钢轨接续线的缺点是它与钢轨间的接触电阻较大且不稳定，为了保证轨道电路的稳定工作，推出了焊接式钢轨接续线。

2）焊接式钢轨接续线

焊接式钢轨接续线采用多股镀锌钢绞线，截面积不小于 25 mm^2，长 200 mm，接头间的距离为 110 mm，用铝热剂法或电弧焊钎焊、冷挤压焊接、爆压速焊技术等，将其焊在钢轨两端。

两焊头中间距离应在 70 ~ 150 mm 范围内，焊头应低于钢轨面 11 mm。

焊头外观应光滑饱满，焊接牢固，焊位正确。导线无损伤，无漏焊、假焊，焊接后焊接线应涂防锈涂料，油润无锈，断根不超过 1/5。

为保证钢轨接续线的可靠性，现场使用中多采用双塞钉式钢轨接续线或一塞一焊接续线。

任务实施

1. 简述工频交流连续式轨道电路的部件组成。
2. 简述工频交流连续式轨道电路的工作原理。

任务二　工频交流连续式轨道电路的维护

任务导入

本任务介绍工频交流连续式轨道的基本维护，包括调整和故障分析。

任务目标

1. 掌握工频交流连续式轨道电路的调整方法；
2. 掌握工频交流连续式轨道电路的绝缘破损检查方法；
3. 掌握工频交流连续式轨道电路的故障分析。

相关知识

一、轨道电路的调整

（一）轨道电路调整的要求

调整轨道电路的总体要求是：在选择好限流电阻阻值和电源电压后，无论道床及其他参数如何变化，轨道电路在任何状态下都能可靠工作，不需要经常去调整。

道床电阻是影响轨道电路工作的主要因素，依据轨道的转移阻抗公式，求得不同道床电阻值时的终端电流值，再根据终端电流值和轨道继电器的端电压的特征，用计算机编制出轨道电路调整表和调整曲线。《铁路信号维修规则（技术标准）》列出了各种轨道电路的调整表和调速曲线，作为现场日常维修的依据。

（二）轨道电路调整方法

轨道电路调整，是在固定送电端限流电阻和受电端的情况下，按照调整表或调整曲线，调整送电端轨道变压器端子的不同连接，即可得到不同的输出电压，以满足轨道电路对调整状态和分路状态的要求。

当道砟电阻变化大时，常用的调整方法：在天气干燥和结冰时，道砟电阻较大，这时继电器端子上的电压，应调整为高于工作值。因为即使由于下雨，漏泄增加，电压也不致降低到工作值以下；在阴雨天气时，道砟电阻降低，继电器端子上的电压应调整为额定电压，因为漏泄不会再增加，继电器电压也不会再降低。

1. 送电端电压调整

轨道变压器一次侧（Ⅰ端）电压应保持在交流 210 ~ 220 V。轨道电路在调整状态，轨道区段的开路电阻在 100 Ω 以上时，轨道变压器二次侧（Ⅱ端）电压：道岔区段送交流电压为 2.5 V 左右，一送多受或站内股道区段应视具体情况适当调高电压。如开路电阻较高，轨道变压器二次侧电压可调到下限，以提高分路灵敏度。如轨道区段的开路电阻在 10 Ω 以下，只能提高送电电压，以保持轨道继电器正常动作。

2. 送电端限流电阻调整

送电端限流电阻包括引接线电阻，在道岔区段不小于 2 Ω；在道床不良的到发线上不小于 1 Ω。轨道电路在调整状态时，送电端限流电阻压降随着轨道变压器二次侧电压变化。限流电阻压降一般为 1.5 V 左右。

3. 受电端轨面电压调整

限流器压降与送电端轨面电压之和应小于轨道变压器二次侧电压，如果大于轨道变压器二次侧电压，说明本区段混入了相邻区段的轨面电压。受电端轨面电压受轨道区段长短、受电端多少、轨道传输中压降大小等条件的限制，受电端轨面电压一般保持在交流 0.8 ~ 0.9 V。

4. 轨道继电器交流端电压、残压

轨道电路在调整状态下，轨道继电器交流端电压应保持为 10.5 ~ 16 V，超出本范围时，调整送电端轨道变压器二次侧电压。轨道电路用 0.06 Ω 标准分路线分路时，轨道继电器交流端电压（即残压）不得大于 2.7 V，轨道继电器接点应可靠落下。

二、钢轨绝缘破损的检查方法

（一）轨端绝缘的检查

基本轨与接头夹板之间设有槽形绝缘，六根螺栓与接头夹板之间设有绝缘管、垫，故基本轨、接头夹板与螺栓之间互不构成电气连接。

轨端绝缘被挤死：要求工务部门解决钢轨爬行问题，之后更换轨端绝缘片即可。在坡道较大线路区段，要求工务部门增设必要的防爬器，另外电务部门也应改用高强度轨道绝缘。

1. 用电压表测试

1）方法一

如图 5-2-1 所示，首先将电压表跨接在受电端钢轨上，从电压表上可读得一个数值，然后利用短路线 *a* 跨接在其中一组绝缘节 *A* 两端的钢轨上，如果轨道继电器衔铁落下或电压表数值减小，甚至指针反方向动作时，则说明相对应的那组绝缘 *B* 有破损现象。同理可测得绝缘节 *A* 的性能情况。

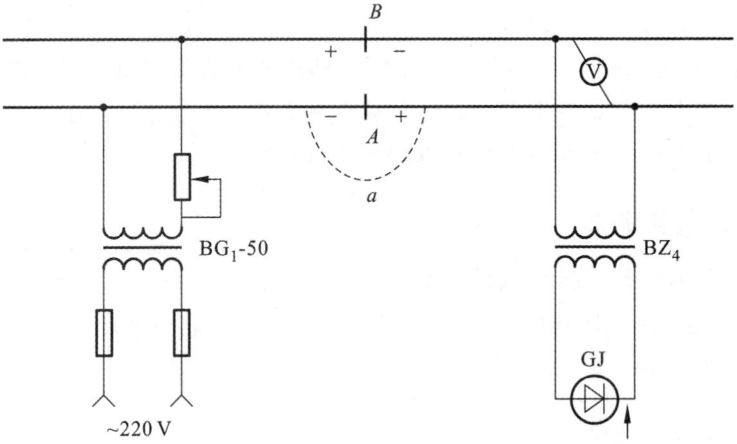

图 5-2-1　用电压表测试轨端绝缘（方法一）

2）方法二

如图 5-2-2 所示，首先将电压表跨接在 2GJ 受电端的钢轨面上，此时，从电压表上可读得一个数值，然后利用短路线 *a* 跨接在相邻轨道电路异侧钢轨上，此时可能发生以下三种情况：

（1）若轨道继电器 1GJ 失磁落下，则说明绝缘节 *A* 已破损。

（2）若轨道继电器 2GJ 失磁落下或电压表读数减小，则说明绝缘节 *B* 有破损现象。

（3）若轨道继电器 1GJ 和 2GJ 全部失磁落下，电压表读数减小，甚至为零或反向动作时，则说明绝缘节 *A* 和 *B* 都有破损现象存在。

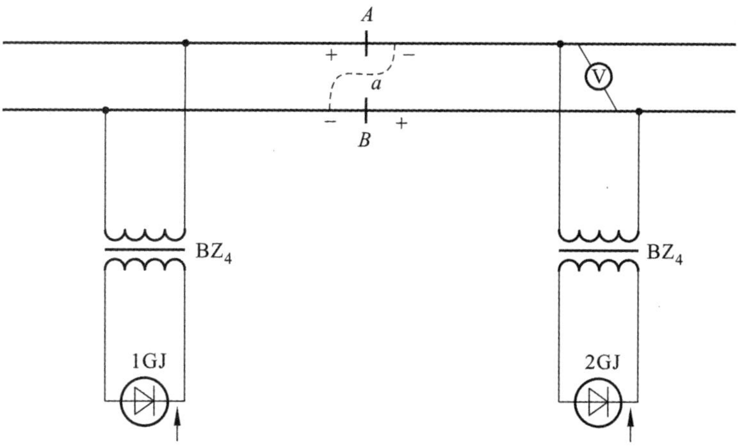

图 5-2-2　用电压表测试轨端绝缘（方法二）

2. 感应测试法

感应测试法是利用电磁感应的原理进行的。由于交变磁场对线圈的影响，在线圈内产生一个感应电势，该电势通过电压表或蜂鸣器反映出轨道绝缘是否良好。因此，它只适用于交流或脉冲（电码）式轨道电路区段，其他类型的轨道电路不宜使用。

用一个耳机（高阻型）和一个带铁芯的感应线圈进行测试，当感应线圈沿着带有交流电的钢轨移动时，在耳机内即可听到“嗡嗡”声；若在不通过交流电的钢轨上移动时，则耳机内无声。因此，将该线圈在绝缘上移动时，如果耳机内有“噗噗”的声音，则说明该处绝缘有破损现象；反之，若耳机内无声音，则说明绝缘性能良好。

3. 用万用表欧姆挡测试

用万用表 $\times 10\ \Omega$ 电阻挡，测量两块接头夹板与六根螺栓之间的电阻。若测得的电阻值较高，说明绝缘良好；若测得的电阻值近乎为零或较小，则说明绝缘已破损。

（二）电动转辙机基础角钢绝缘的测试和检查

在电动转辙机基础角钢与轨面之间，使用电压表测量时，无电压；或使用万用表欧姆挡测量时，有较高的电阻，则说明基础角钢绝缘良好；否则说明基础角钢与钢轨绝缘不良，此时应检查所有固定螺栓绝缘、第一连接杆和尖端杆的绝缘是否良好。

（三）钢轨引接线与箱、盒间的绝缘检查

引接线末端的螺栓与箱、盒间的绝缘组件较为简单，安装到变压器箱或电缆盒上后，一般用目测的方法也能检查其破损与否。

（四）轨距保持杆检查

轨距保持杆的四个铁爪与轨底连接坚固，而轨距保持杆及其紧固螺帽与铁爪之间设置

绝缘管、垫，使其与钢轨之间完全绝缘。

用电压表测量轨距保持杆与轨面之间应无电压，用电阻表测量时应有较高电阻。另一种轨距保持杆的绝缘设置在杆中间位置（既有铁路线路中较多），一般用目测、手扳动、锤轻击的方法均可检查其正常与否。用电压表或电阻表的方法测量轨面与中间铁夹板之间有无电连接，也可检查出有无破损现象。

三、轨道电路故障分析

（一）轨道电路故障原因

轨道电路发生故障时显示两种现象：① 有车占用时，轨道继电器不能正常落下，控制台无红光带占用显示；② 无车占用时，轨道继电器落下，控制台显示红光带。

1. 第一种：有车占用，轨道继电器不能正常落下

发生这类故障相当危险，很容易引发大事故。发生故障后，应先停用设备后再进行处理。其故障原因一般有以下几种：

（1）设计原因："死区段"过长（一般不会出现）。

（2）轨道电路组成元件问题：设有轨端绝缘，但没有设受电端的渡线或侧线，因轨端接续线或岔后跳线断、脱，而造成"死区段"；轨道继电器有剩磁或接点卡阻、粘连等。

（3）轨道电路调整不当：轨面电压调整过高或送端变阻器调整阻值过小；一送多受的轨道区段因各受电端相距较远，轨面电压调整不平衡，有个别受电端轨面电压过高等。

（4）车辆轮对分路不良：由于轨面生锈、车辆自重过轻及轮对电阻过大等导致轨道电路分路不良，这种分路不良区段普遍存在。

（5）其他电源混入：如移频电压干扰等。

2. 第二种：无车占用轨道继电器落下

轨道区段无车占用，轨道继电器落下，控制台出现红光带。这种故障现场比较常见，原因也较复杂。从电路故障性质来看，主要是轨道电路断路故障和短路故障。几个区段同时出现红光带的主要原因是电源熔断器熔断或电源电缆断线。两个区段同时出现红光带，一般是相邻处的轨端绝缘破损。断路故障主要表现为轨端接续线、道岔跳线，变压器箱连接线及室内连接线断线，熔断器熔断、变压器故障等。造成短路故障的主要原因如下：

（1）绝缘破损：道岔绝缘破损；道岔安装装置角钢绝缘双破损；轨距保持杆绝缘和道岔第二、第三连接杆绝缘破损；轨端绝缘双破损（有些相邻区段轨端绝缘双破损只有一个区段亮红光带）。

（2）连线接触轨底或混连：变压器箱连接线接触轨底或混连；岔后跳线接触轨底；其他钢管、钢丝过道接触轨底。

（3）交分道岔垫板杆件摩擦角钢。

（4）异物短路，诸如铁丝、车辆上的部件等造成短路。

（二）断路故障分析

1. 送电端断路故障分析

对照轨道电路实际设备，可按以下步骤分析送电端断路故障：

（1）在 XB1 型轨道变压器箱 1、3 端子（以单送为例）上测量：若有交流 220 V 电压，说明室内已将 GJZ、GJF 送至本区段；若无交流 220 V 电压，说明室内未将电源送至本区段。

（2）在 XB1 型轨道变压器箱 2、4 端子上测量：若有交流 220 V 电压，说明熔断器正常；若无交流 220 V 电压，说明至少有一个熔断器熔断，可以分别判断。

（3）在 BG_1-50 型变压器一次侧测量：若有交流 220 V 电压，说明端子 2、4 至 I_1、I_4 之间配线良好；若无交流 220 V 电压，说明端子 2、4 至 I_1、I_4 之间配线断线，可分别判断。

（4）在 BG_1-50 型变压器二次侧测量：若有电压，说明变压器正常；若无电压，则二次侧两组线圈均使用。首先测量封线是否正常：封线两端有电压，说明封线断线；封线两端无电压，说明封线良好（仅限于同一区段，仅存在一处断路；若同一轨道区段同时存在两处断路，即使封线断线，在封线的两端也测不到电压）。若封线正常，说明是变压器故障。

（5）变压器的故障与判断：假设 BG_1-50 型变压器二次侧封连 II_3、II_4，使用 II_2、II_5；一次侧封连 I_2、I_3，使用 I_1 与 I_4。

① 一次侧的判断：若 I_1- I_2、I_3- I_4 之间均为 110 V 电压，则一次侧正常；若 I_1- I_2 有 220 V 电压，说明 I_1- I_3 断线；若 I_3- I_4 有 220 V 电压，说明 I_4- I_2 断线；若 I_1- I_2、I_3- I_4 均无电压，说明封线断线。

② 二次侧的判断：甩开二次侧的封线和端子的引出线，分线圈测量，即可判断出是哪个线圈或引出线断线。

（6）在送电端轨面及限流电阻上测量：

① 若限流电阻电压为 0 V，轨面电压为 0 V，则说明从轨面到变压器二次侧发生了断线故障。

② 若限流电阻电压为 0 V（或接近 0 V），轨面电压接近二次侧电压，则说明从送电端到受电端（共用部分）发生了断路故障。

2. 线路部分断路故障分析

（1）若在送电端，电压已经送上轨面，但在受电端测不到电压，说明线路部分发生了断路，此时应该用万用表在线路上进行查找，电压从有到无之间为故障点。

注意：在线路上测量，应特别注意岔后跳线是否正常，同时应防止因轨面生锈而造成表笔接触不良测不到电压，从而导致误判。

（2）若相邻两轨道区段同时出现红光带，则应注意检查极性交叉。

3. 受电端断线故障分析

下面以一送二受轨道电路故障为例进行分析。

（1）送电端限流电阻电压略有降低，而轨面电压略有升高，则说明 DGJ（直股部分）

侧发生断线，DGJ_1（弯股部分）侧正常。原因是：DGJ↓，DGJ_1 正常，则轨道电路仍有一个负载。

（2）送电端限流电阻电压有降低，而轨面电压有较大升高，则说明 DGJ_1（弯股部分）侧发生断线，DGJ（直股部分）侧正常。原因是：DGJ_1↓，则 DGJ_1↓→DGJ↓，从而将轨道电路的两个负载均断开，减小了限流电阻上的压降。

断路故障应注意查“三线”，即轨端接续线、道岔跳线和变压器箱连接线。若从送电端至受电端顺序查找，则电压突然下降之处即为故障点；若从受电端至送电端顺序查找，则电压突然升高之处即为故障点。

（三）短路故障分析

轨道电路短路故障常用钳流表进行分析判断。用钳流表查找短路故障时，若在同一线路上，电流从某一点突然变小，则说明此点为其中一个短路点，再从另一线路上查找另一短路点即可。

轨道部分容易造成短路的点较多，应注意检查道岔安装装置、尖端杆、第一连接杆、轨距保持杆、岔后绝缘等处，正常时均不应有电流；若有电流，则说明发生了短路故障。

注意：平时应注意多观察、分析轨道部分电流正常时的分布情况。

两个受电端，若任一侧的电流明显增加，另一侧的电流明显减小，则电流增加的一侧存在短路现象。例如限流电阻电压接近二次侧输出电压，轨面电压接近 0 V。如果送电端变压器箱至钢轨的引接线上有较大电流，说明短路点在轨道部分或受电端；有较小电流（较正常值减小），说明短路点在轨道箱内或箱壁上。

任务实施

1. 简述轨道电路的调整方法。
2. 简述轨道绝缘破损的检查方法。
3. 简述轨道电路故障的分析方法。

项目六　25 Hz 相敏轨道电路

知识导图

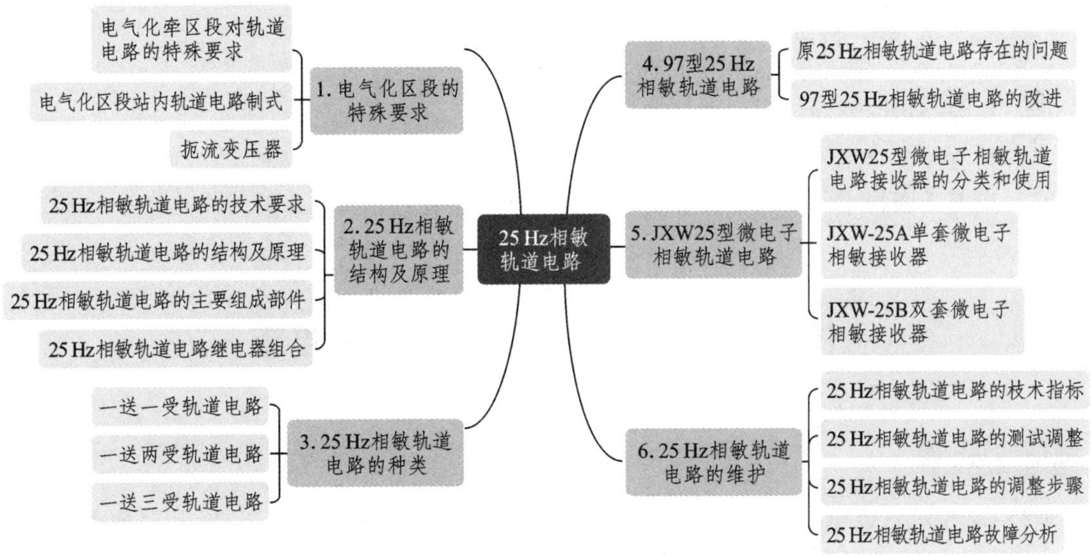

项目描述

由于工频交流连续式轨道电路不能适应电气化区段的需要，并且其本身在电气特性上存在诸多缺点，于是便产生了 25 Hz 相敏轨道电路。本项目介绍 25 Hz 相敏轨道电路的组成、特点及其维护。

学习目标

1. 掌握电气化区段对轨道电路的特殊要求和电化区段站内轨道电路制式；
2. 掌握扼流变压器的作用和原理；

3. 掌握 25 Hz 相敏轨道电路的技术要求、组成及主要技术指标；
4. 掌握 25 Hz 相敏轨道电路存在的问题和改进措施；
5. 掌握 25 Hz 相敏轨道电路一送一受、一送双受、一送三受的原理；
6. 掌握 25 Hz 相敏轨道电路的继电器组合；
7. 掌握 JXW25 型微电子相敏轨道电路接收器的分类和使用；
8. 掌握 JXW25A 型单套微电子相敏接收器和 JXW25B 型双单套微电子相敏接收器；
9. 掌握 25 Hz 相敏轨道电路的测试调整和故障分析。

能力目标

1. 能进行 25 Hz 相敏轨道电路的基本维护；
2. 能进行 25 Hz 相敏轨道电路的基本故障分析。

素质目标

1. 培养分析问题和解决问题的能力；
2. 树立“安全第一”的责任意识，培养“精益求精”的工匠精神；
3. 培养不断探索的学习精神和勇于创新、敢于创新的精神。

任务一　电气化区段的特殊要求

任务导入

25 Hz 相敏轨道电路的产生是因为电气化区段对轨道电路的特殊需要，要理解 25 Hz 相敏轨道电路的特点，首先要了解电气化区段对轨道电路的特殊要求。

任务目标

1. 掌握电气化牵引区段对轨道电路的特殊要求；
2. 掌握电化区段站内轨道电路制式；
3. 掌握扼流变压器的作用和原理。

相关知识

一、电气化牵引区段对轨道电路的特殊要求

电气化牵引区段的轨道电路必须满足以下特殊要求：

（一）必须采用非工频制式的轨道电路

我国电气化铁路均采用工频 50 Hz 交流供电，钢轨既是牵引电流的回流通道，又是轨道电路信号电流的传输通道。因此轨道电路必须采用非工频制式，且该制式对 50 Hz 牵引电流的基波及其谐波干扰应具备有效可靠的防护措施，以保证轨道电路设备安全可靠地工作。

（二）必须采用双轨条式轨道电路

双轨条轨道电路用扼流变压器沟通牵引电流成双轨条回流，轨道电路处于平衡状态，便于实现站内电码化。而单轨条由一根轨条沟通牵引电流，对牵引电能损耗较大，轨道电路仅一根轨条通过信号电流，且易造成站内电码化串码、掉码，故不能采用。

（三）交叉渡线上两根直股都通过牵引电流时应增加绝缘节

为了确保交叉渡线上轨道电路和机车信号设备能正常工作，当交叉渡线上两根轨道都通过牵引电流时，该交叉渡线上应增加绝缘节，如图 6-1-1 所示。由于交叉渡线道岔型号及铺设处所线路间距的不同，在辙叉处增设绝缘节的方向也不尽相同。

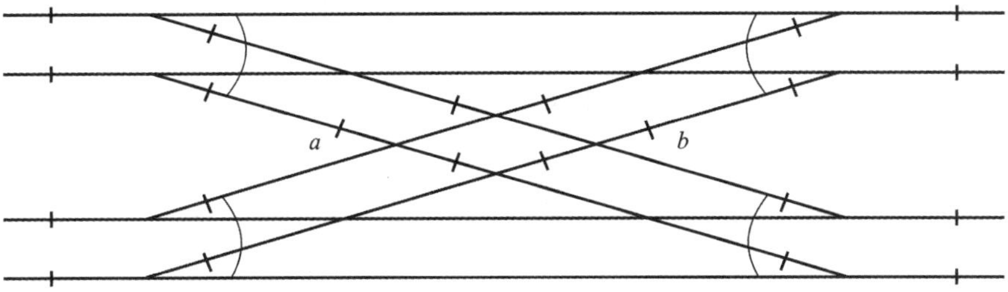

图 6-1-1　交叉渡线上增加绝缘节

（四）钢轨接续线截面加大

电气化区段的钢轨接续线，除应保证通过一定电流外，还要尽量减小钢轨接头的接触电阻，使两根钢轨阻抗平衡，减小牵引电流对轨道电路的干扰及牵引电能的损耗，以及保证设备和人身安全。因此，要求钢轨接续线有一定的截面积，且必须双套。

塞钉线接续线因受震松动和氧化作用，使接触电阻增大，造成两根钢轨阻抗不平衡。因此，要求采用铜焊接线或冷挤压式焊接线。鉴于铜材较缺及施工工艺尚存在一些问题，暂准使用塞钉式接续线，但应逐步淘汰。冷挤压焊接线接触电阻为微欧级，可重复使用，便于维修。当采用多股铜焊接线，其截面不小于 50 mm^2 时，可不再加设塞钉式接续线。

（五）道岔跳线和钢轨引接线截面加大，引接线等阻

为了减小钢轨阻抗，道岔跳线和钢轨引接线应采用截面积不小于 42 mm^2 的多股镀锌钢绞线。为了减小两根钢轨引接线因长度不同、阻抗不等对轨道电路不平衡度的影响，钢轨接续线宜采用等阻连接线。

横向连接线用于相邻股道之间的连接，扼流中心连接线或连接板用于相邻轨道电路的连接。

二、电化区段站内轨道电路制式

我国电气化铁路采用过的轨道电路包括 75 Hz 交流计数电码轨道电路、25 Hz 交流计数电码轨道电路、移频轨道电路、不对称脉冲轨道电路等制式。现均采用 25 Hz 相敏轨道电路。

以上各种制式除了选用 50 Hz 以外的信号电流频率，均采用了相应的技术措施来防止干扰，以保证轨道电路的可靠工作。

三、扼流变压器

在电气化牵引区段，为了保证牵引电流顺利流过绝缘节，在轨道电路发送端、接收端设置扼流变压器，轨道电路设备通过扼流变压器接向轨道，并传递信号信息，如图 6-1-2 所示。

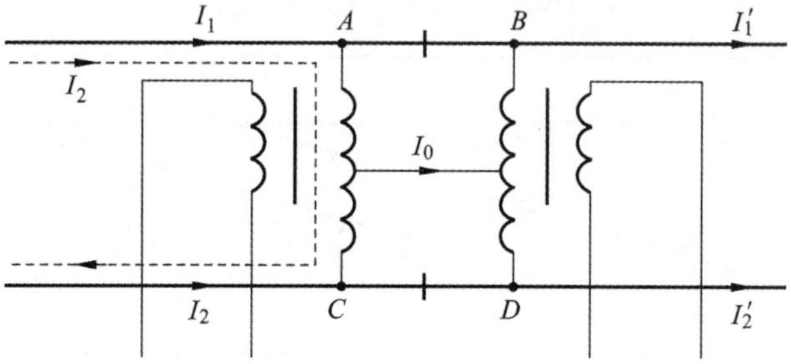

图 6-1-2　扼流变压器示意图

扼流变压器对牵引电流阻抗很小，而对信号电流阻抗较大，沿着两根钢轨流过的牵引电流在轨道绝缘处通过扼流变压器的上部和下部线圈，再经过其中心线流向另一扼流变压器的上部和下部线圈，然后又流向相邻轨道电路的两根钢轨中，这样，牵引电流就越过了绝缘节。因为钢轨中的牵引电流大小相等，扼流变压器上、下部线圈的匝数也相同，因此牵引电流在上、下部线圈中产生的磁通相等而方向相反，它们的总磁通等于零。所以对二次线圈的信号设备没有影响。但若两钢轨中流过的牵引电流不平衡时，扼流变压器铁芯中的总磁通不为零，在二次线圈中将产生干扰，影响信号设备的使用，故需增设防护设备。

而信号电流因极性交叉，在两扼流变压器的中点处电位相等，故不会越过绝缘节流向另一轨道电路区段，而是流回本区段，在二次侧感应出信号电流。

97 型 25 Hz 相敏轨道电路用的扼流变压器有 BE_1-400/25、BE_2-400/25、BE_1-600/25、BE_2-600/25、BE_1-800/25 和 BE_2-800/25 等类型。

BE_4-400/25 型扼流变压器的结构如图 6-1-3 所示。扼流变压器的电气特性如表 6-1-1 所示。

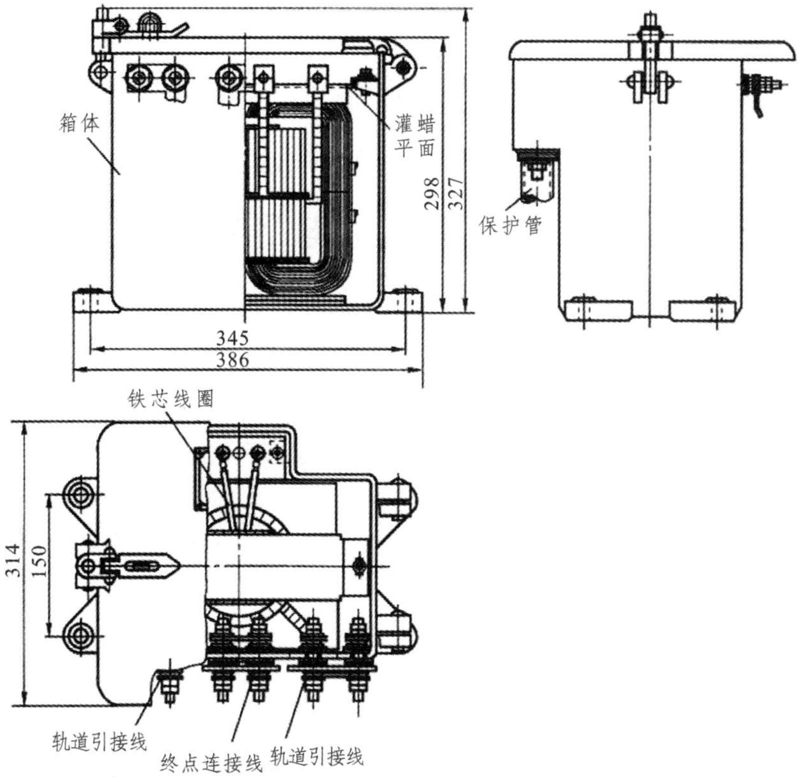

图 6-1-3　BE1-400/25 型扼流变压器

表 6-1-1　扼流变压器的电气特性

<table>
<tr><td colspan="3">变压器类型</td><td>BE_1-400/25
BE_2-400/25</td><td>BE_1-600/25
BE_2-600/25</td><td>BE_1-800/25
BE_2-800/25</td><td>BE_1-1000/25
BE_2-1000/25</td><td>BE_1-1600/25
BE_2-1600/25</td></tr>
<tr><td colspan="3">中点允许通过连续总电流/A</td><td>400</td><td>600</td><td>800</td><td>1000</td><td>1600</td></tr>
<tr><td colspan="3">同名端</td><td>1、4</td><td>1、4</td><td>1、4</td><td>1、4</td><td>1、4</td></tr>
<tr><td colspan="3">匝比
（牵引线圈 1-2/信号线圈 4-5）</td><td>1∶3</td><td>1∶3</td><td>1∶3</td><td>1∶3</td><td>1∶3</td></tr>
<tr><td rowspan="3">牵引线圈未经磁化阻抗</td><td rowspan="2">牵引线圈加 25 Hz/0.4 V 电压</td><td>阻抗不小于/Ω</td><td>0.8</td><td>0.8</td><td>0.8</td><td>0.9</td><td>0.9</td></tr>
<tr><td>阻抗角不小于</td><td>75°</td><td>75°</td><td>75°</td><td>75°</td><td>75°</td></tr>
<tr><td colspan="2">牵引线圈加 25 Hz/2.5 V 电压，其阻抗应不大于/Ω</td><td>1.2</td><td>1.2</td><td>1.2</td><td>1.3</td><td>1.3</td></tr>
<tr><td>牵引线圈 50 Hz 电源磁化阻抗</td><td colspan="2">经过 50 Hz/15 V 电源磁化的牵引线圈加 25 Hz/2.5 V 电压，其阻抗不小于/Ω</td><td>1.0</td><td>1.0</td><td>1.0</td><td>1.0</td><td>1.0</td></tr>
<tr><td colspan="3">不平衡系数应小于</td><td>0.5%</td><td>0.5%</td><td>0.5%</td><td>0.5%</td><td>0.5%</td></tr>
</table>

任务实施

简述电气化区段对轨道电路有哪些特殊要求。

任务二　25 Hz 相敏轨道电路的结构及原理

任务导入

25 Hz 相敏轨道电路与交流连续式轨道电路相比，其原理和组成部件均有所不同。本任务介绍 25 Hz 相敏轨道电路的技术要求、结构、基本原理和组成部件以及 25 Hz 相敏轨道继电器组合。

任务目标

1. 掌握 25 Hz 相敏轨道电路的技术要求；
2. 掌握 25 Hz 相敏轨道电路的结构、基本原理及其组成部件；
3. 掌握 25 Hz 相敏轨道继电器组合。

相关知识

一、25 Hz 相敏轨道电路的技术要求

（1）25 Hz 相敏轨道电路适用作为钢轨内连续牵引总电流不大于 800 A、钢轨内不平衡电流不大于 60 A 的交流电气化牵引区段的站内及预告区段的轨道电路。

（2）无电力机车行驶的区段可采用无扼流变压器的轨道电路。

（3）电源应采用集中调相方式。

（4）在最不利的条件下，轨道继电器轨道线圈上的电压应不大于 50 V，调整和分路时的有效电压分别为不小于 15 V 和不大于 7.4 V。

（5）在频率为 50 Hz、电源电压为 160 ~ 260 V 范围内、道床电阻最小值不小于 0.6 Ω·km、钢轨阻抗不大于 $0.62\angle 42°$ Ω/km 时，轨道电路极限长度范围内能可靠地满足调整和分路检查的要求，并实现一次调整。当每段轨道电路的轨道变压器兼作机车信号发码电源时，应可靠地满足机车信号入口电流的要求。

（6）一送一受和一送多受轨道电路的电压调整余量 K 应不少于 8.0%。

（7）一送一受的双扼流和无扼流变压器的轨道电路，其极限长度应达 1.5 km。

（8）凡是装有空扼流的轨道电路，对空扼流阻抗进行的补偿措施应兼顾电码化时机车信号信息的传输。

（9）采用电子设备时，应采取相应的防雷措施。

二、25 Hz 相敏轨道电路的结构及原理

（一）25 Hz 相敏轨道电路的结构

25 Hz 相敏轨道电路如图 6-2-1 所示。

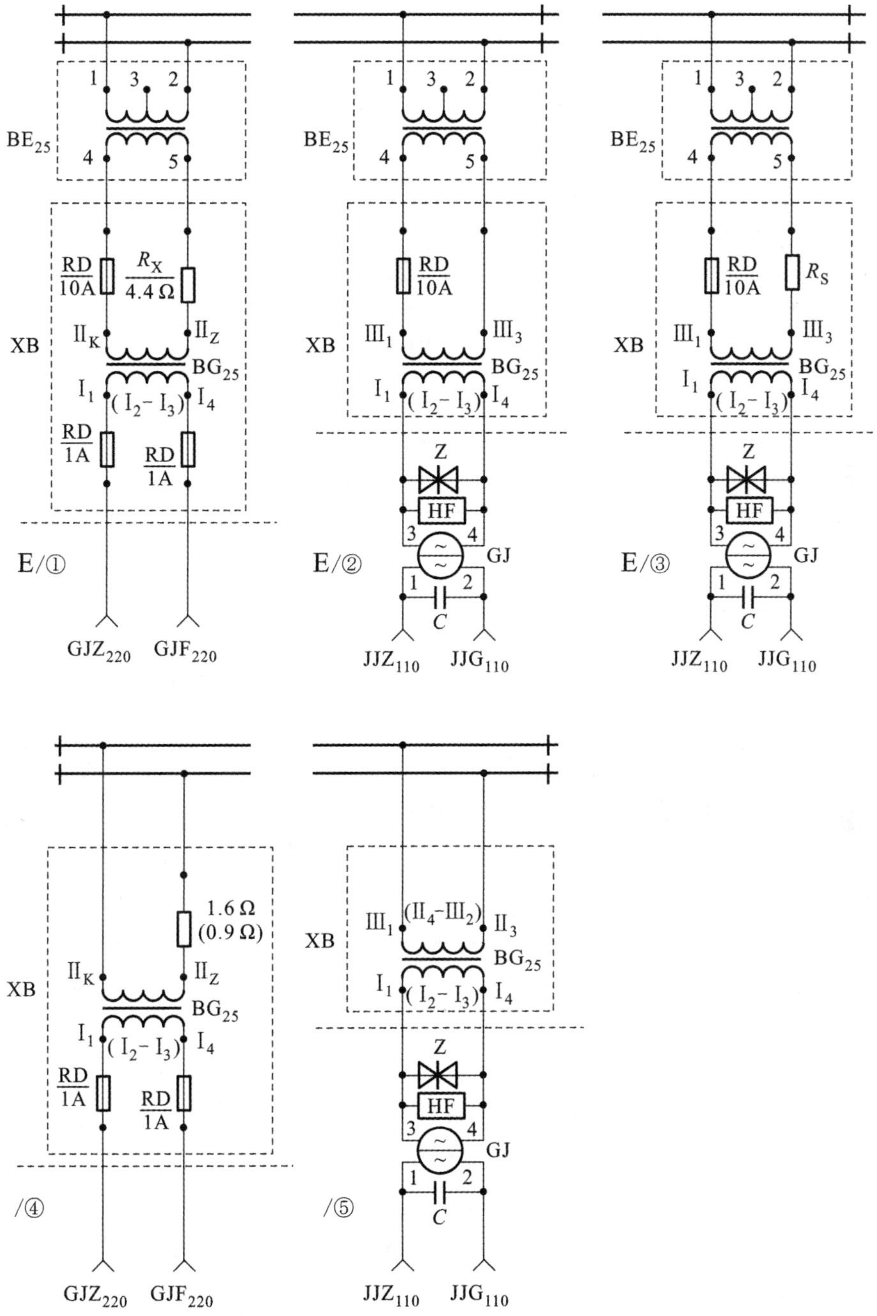

图 6-2-1 25 Hz 相敏轨道电路

图中，E/①、E/②、E/③、/④、/⑤分别为 25 Hz 相敏轨道电路的五种单元类型，E 代表设扼流变压器，/①为送电端，/②为受电端，/③为一送多受的分支受电端；/④、/⑤分别为不带扼流变压器的送电端、受电端，XB 为变压器箱。

图 6-2-1 所示 25 Hz 相敏轨道电路中的元器件代号说明见表 6-2-1。

表 6-2-1　25 Hz 相敏轨道电路中的元器件代号说明

代　号	名　称	产品型号	备　注
BG_{25}	轨道变压器	BG_2-130/25	400 Hz 铁芯
		BG_3-130/25	50 Hz 铁芯
GJ	二元二位轨道继电器	$JRJC_1$-70/240	
HF	防护盒	HF_2-25 或 HF_3-25 或 HF_4-25	
BE_{25}	扼流变压器	BE_1-400/25，BE_1-600/25，BE_1-800/25	400 Hz 铁芯
		BE_2-400/25，BE_2-600/25，BE_2-800/25	50 Hz 铁芯
R_X	电阻器	R_1-4.4/400	
R_S	电阻器	R_1-4.4/400	
QFB	防雷补偿器	FB-1、FB-2	

注：400 Hz 铁芯主要用于轨道电路实施移频化的区段，50 Hz 铁芯用于一般区段。

（二）25 Hz 相敏轨道电路的原理

25 Hz 相敏轨道电路采用交流 25 Hz 电源连续供电，受电端采用交流二元轨道继电器。其原理电路见图 6-2-1。

25 Hz 电源屏分别供出 25 Hz 轨道电源和局部电源。轨道电源由室内供出，通过电缆供向室外，经送电端 25 Hz 轨道电源变压器（BG_{25}）、送电端限流电阻（R_X）、送电端 25 Hz 扼流变压器（BE_{25}）、钢轨线路、受电端 25 Hz 扼流变压器（BE_{25}）、受电端 25 Hz 轨道中继变压器（BG_{25}）、电缆线路送回室内，经过防雷补偿器（Z）、25 Hz 防护盒（HF）给交流二元轨道继电器（GJ）的轨道线圈供电。局部线圈的 25 Hz 电流由室内供出。当轨道线圈和局部线圈电源满足规定的相位和频率要求时，GJ 吸起，轨道电路处于调整状态，表示轨道电路空闲。

列车占用时，轨道电源被分路，GJ 落下。若轨道电源的频率、相位不符合要求时，GJ 也落下。这样，25 Hz 相敏轨道电路就具有相位鉴别能力，即相敏特性，抗干扰性能较高。

25 Hz 相敏轨道电路只能用来检测轨道电路区段是否空闲，不能传输其他信息，因其电源频率较低、传输损耗较低，故传输距离长。

有回归牵引电流流过的轨道区段，应采用带扼流变压器的轨道电路。对于没有回归牵引电流流过的轨道区段，仍需防止牵引电流对轨道电路的干扰，可采用无扼流变压器的轨道电路。无扼流变压器的轨道电路也可用于非电气化区段。

三、25 Hz 相敏轨道电路的主要组成部件

（一）防护盒

防护盒 HF 有 HF_2-25 型、HF_3-25 型和 HF_4-25 型，它们的电路分别如图 6-2-2、图 6-2-3、图 6-2-4 所示。

HF_2-25 型防护盒由电感、电容串联而成，线圈电感为 0.845H，电容为 12 μF。它并接在轨道继电器的轨道线圈上，对 50 Hz 呈串联谐振，相当于 15 Ω 电阻，以抑制干扰电流。对 25 Hz 信号电流相当于 16 μF 电容，对 25 Hz 信号电流的无功分量进行补偿，起着减小轨道电路传输衰耗和相移的作用。

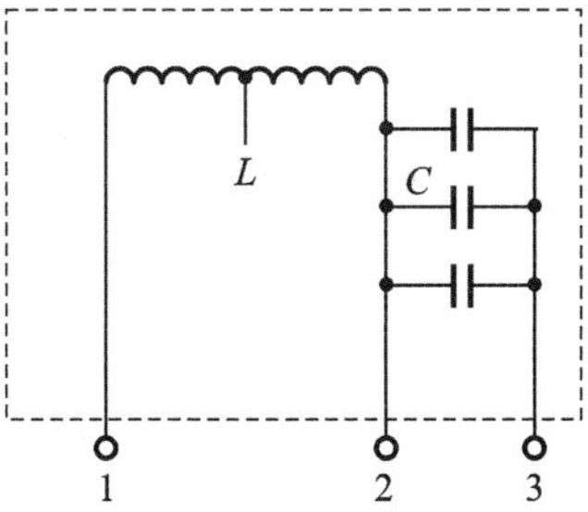

图 6-2-2　HF_2-25 型防护盒电路

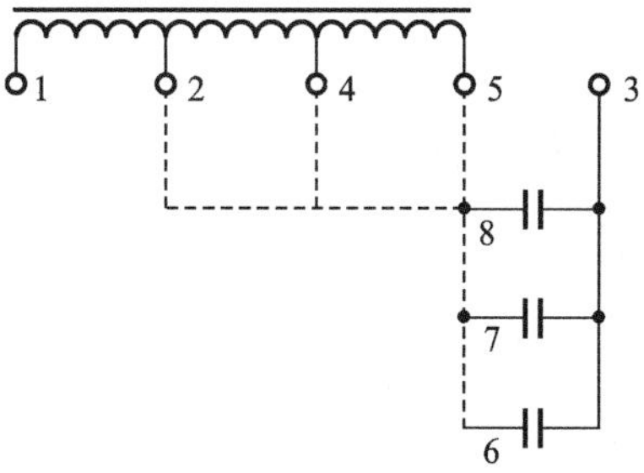

图 6-2-3　HF_3-25 型防护盒电路

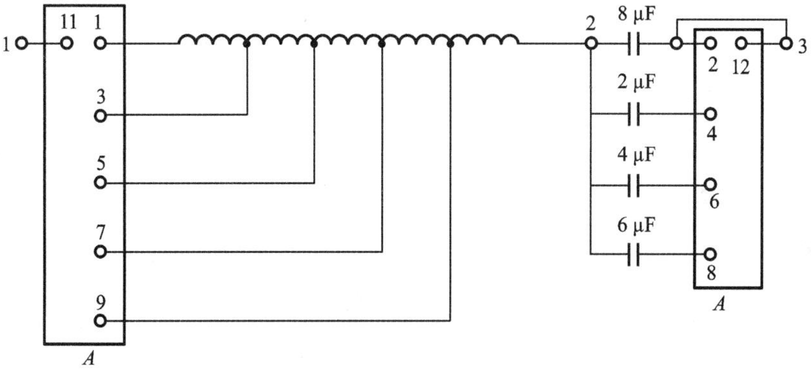

图 6-2-4　HF_4-25 型防护盒电路

防护盒的电气特性如表 6-2-2 所示。

表 6-2-2　防护盒的电气特性

<table>
<tr><th>型　号</th><th>测试端子</th><th>连接端子</th><th>输入电压/V</th><th>输入频率/Hz</th><th>$|U_L-U_C|$/V</th><th>Q</th><th>备注</th></tr>
<tr><td>HF_2-25</td><td>1-3</td><td></td><td rowspan="4">10</td><td rowspan="4">50</td><td rowspan="4">≤3</td><td rowspan="4">≥18</td><td></td></tr>
<tr><td rowspan="3">HF_3-25</td><td rowspan="3">1-3
3-8</td><td>2-6-7-8</td><td>同 HF_2</td></tr>
<tr><td>4-7-8</td><td>可调 15°～20°</td></tr>
<tr><td>5-8</td><td>可调 30°～40°</td></tr>
</table>

续表

型　号	测试端子	连接端子	输入电压/V	输入频率/Hz	$\|U_L\text{-}U_C\|$/V	Q	备注
HF_4-25	1-3	11-3　12-4				≥15	上调相位 0°～15°
		11-1					上调相位 0°～30°
		11-5　12-6					同 HF_2-25
		11-7　12-8					下调相位 0°～15°
		11-9　12-8　2-4					下调相位 0°～30°

注：U_L 为电感线圈两端的谐振电压值；U_C 为电容器两端的谐振电压值；Q 为谐振槽路的品质因数。

（二）防雷补偿器

防雷补偿器（QBF）有 FB-1 型和 FB-2 型。FB-1 型防雷补偿器内设两套防雷补偿单元，FB-2 型防雷补偿器内设一套防雷补偿单元。FB-1 型的防雷补偿单元的原理如图 6-2-5 所示，即为对接的硒片和电容器。硒片采用 XT-1-22C5C 型，用来防雷；电容器 C 采用 CJ48-2-4 uF，用来提高轨道电路局部线圈电路的功率因数，以减小变频器的输出电流。

防雷补偿器的电气特性应符合下列要求：局部耐压为 250 V，接收工作电压为 90 V。

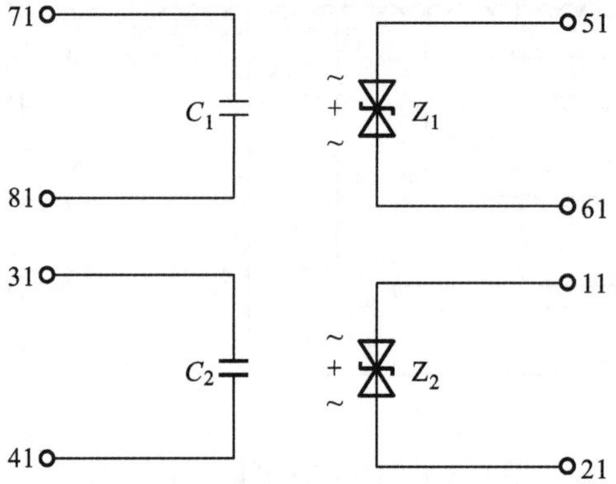

图 6-2-5　FB-1 型防雷补偿器

（三）25 Hz 轨道变压器

25 Hz 轨道变压器在 25 Hz 相敏轨道电路中作为供电电源和用于阻抗匹配，其送电端和受电端的各线圈电压如图 6-2-6 所示，电气特性如表 6-2-3 所示。

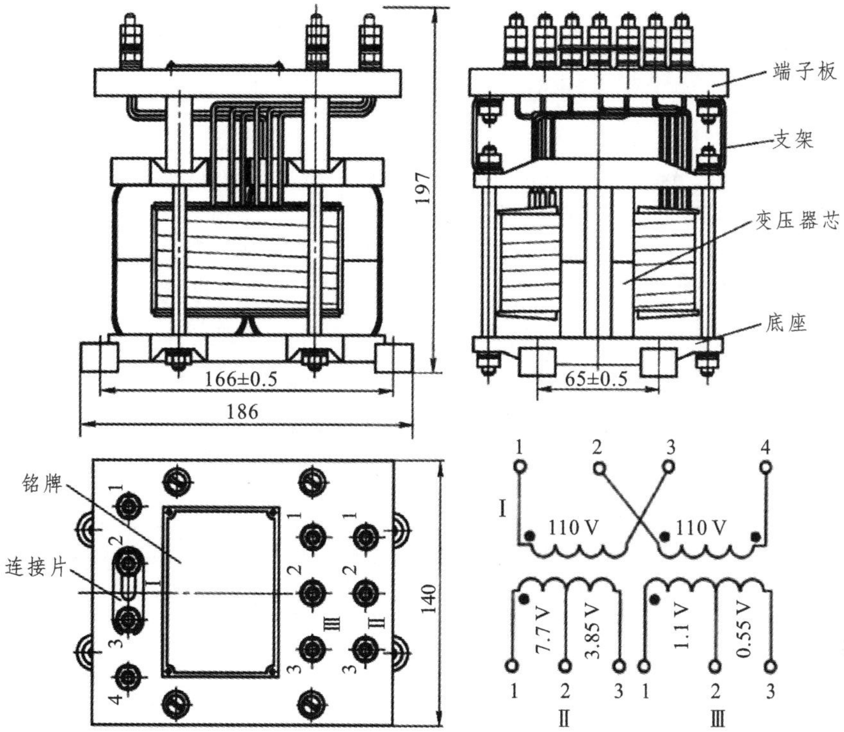

图 6-2-6　25 Hz 轨道变压器

表 6-2-3　25 Hz 轨道变压器的电气特性

类 型	额定容量/(V·A)	频率/Hz	额定电压/V		额定电流/A	空载电流不大于/A	铁 芯
			一次侧（Ⅰ）	二次侧（Ⅱ）	二次侧（Ⅲ）		
BG_1-65/25	65	25	220	0.5 ~ 12.0	5.4	0.02	C 型
BG_1-75/25	72	25	220	0.55 ~ 13.2	5.4	0.02	C 型
BG_1-140/25	140	25	220	0.5 ~ 17.5	8	0.04	C 型
BG_2-130/25	130	25	220	0.44 ~ 18.48	7	0.03	C 型/400 Hz
BG_3-130/25							C 型/50 Hz
BG-R130/25							R 型

四、25 Hz 相敏轨道继电器组合

采用 25 Hz 相敏轨道电路时，轨道继电器采用 $JRJC_1$-70/240 型交流二元继电器，须设专用的 25 Hz 相敏轨道继电器组合。

一个 25 Hz 相敏轨道继电器组合，内设三个受电端用防雷补偿器、防护盒和交流二元继电器。从正面看，组合内器材排列如表 6-2-4 所示。

表 6-2-4　25 Hz 相敏轨道电路组合

01-1	01-2	1	2（A）	3	4（B）	5	6（C）
QFB	QFB	HF	GJ	HF	GJ	HF	GJ
FB-1	FB-1	FB_2-25	$JRJC_1$-70/240	FB_2-25	$JRJC_1$-70/240	FB_2-25	$JRJC_1$-70/240

一个组合架可安装 9 个 25 Hz 相敏轨道继电器组合，当一个组合架上同时安装轨道组合和安全型继电器组合时，相邻处应空开一个组合位置。交流二元继电器是感应式继电器且无附加轴，它的后接点不得在控制和表示电路中使用。交流二元继电器只有两组接点，故必须设复示继电器，采用专用的 JWXC-H310 型缓动继电器。为了保证 JWXC-H310 型继电器的时间特性，采用一个铜线圈架，另一个线圈装了铜套，其缓吸时间为（0.4±0.1）s，缓放时间为（0.8±0.1）s，以防止冲击干扰引起轨道继电器误动。

任务实施

1. 简述 25 Hz 相敏轨道电路由哪些主要部件组成。
2. 简述 25 Hz 相敏轨道电路的单元结构和原理。
3. 简述 25 Hz 相敏轨道继电器组合的构成。

任务三　25 Hz 相敏轨道电路的种类

任务导入

本任务介绍 25 Hz 相敏轨道电路的三种类型：一送一受轨道电路、一送两受轨道电路和一送三受轨道电路的组成及应用场合。

任务目标

1. 掌握一送一受轨道电路的原理和结构；
2. 掌握一送两受、一送三受轨道电路的原理、结构和应用场合。

相关知识

根据 25 Hz 轨道变压器受电端的设置情况，25 Hz 相敏轨道电路可分为一送一受、一送两受和一送三受三种类型轨道电路。

一、一送一受轨道电路

送、受电端均设扼流变压器的一送一受（双扼流）25 Hz 相敏轨道电路如图 6-3-1 所示。送、受电端均不设扼流变压器的一送一受（无扼流）25 Hz 相敏轨道电路如图 6-3-2 所示。

双扼流一送一受 25 Hz 相敏轨道电路，当限流电阻为 4.4 Ω 时，轨道电路允许长度为 1500 m。无扼流一送一受 25 Hz 相敏轨道电路，当限流电阻为 0.9 Ω 时，其轨道电路允许长度为 1500 m。因区间大多采用 25 m 钢轨，其钢轨阻抗比 12.5 m 的钢轨低，且区间道砟电阻比站内道砟电阻高，接近区段轨道电路的允许长度可达 2000 m。

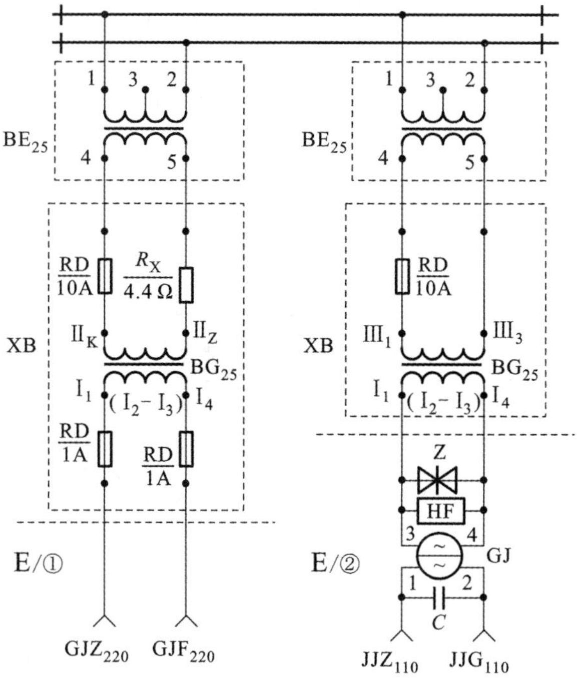

图 6-3-1　一送一受（双扼流）25 Hz 相敏轨道电路

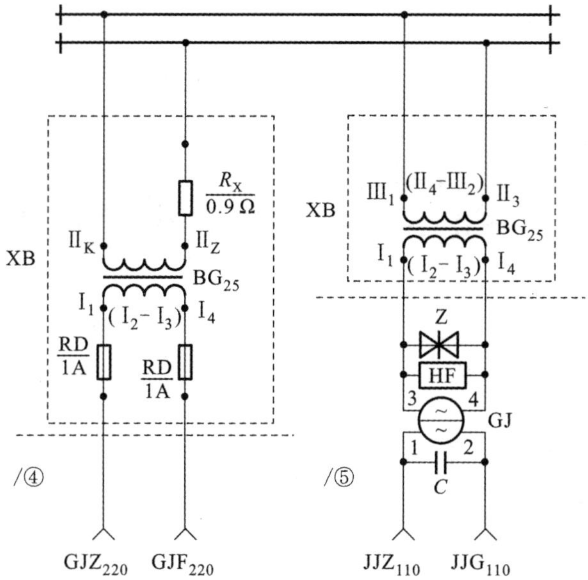

图 6-3-2　不带扼流变压器的一送一受 25 Hz 相敏轨道电路

在电气化区段，为了使回归牵引电流畅通无阻地流回牵引变电所，相邻轨道电路的扼流变压器中点需相连。如果全部采用双扼流轨道电路，中点相连后易构成迂回电路，有可能造成轨道电路不完整或在有列车占用的情况下失去检查，使轨道继电器错误吸起。图 6-3-3 所示就是一个例子，图中虚线为迂回电路的径路，1G 区段轨道继电器在有车占用或断轨的情况下，可能经迂回电路而错误吸起。为了减小迂回电路对轨道电路的影响，在确保回归牵引电流畅通的条件下，应将个别扼流变压器的中点连线不连，以断开迂回电路。但必须注意，正线（包括正线上的道岔区段和无岔区段）装设的扼流变压器中点连线必须相连。

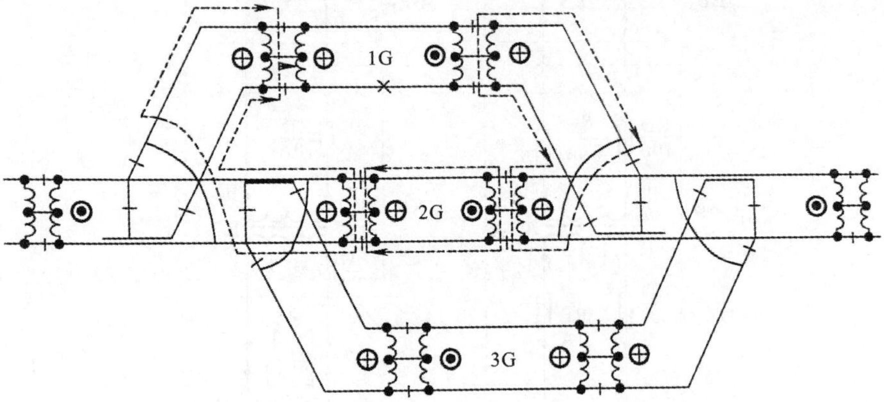

图 6-3-3　轨道电路的迂回电路径路示意图

一送一受轨道电路可以设长度不大于 65 m 的三个或三个以上的无受电分支，为了沟通牵引电流的回流道路，可以在其中一个分支上设置一个空扼流变压器。为了连接吸上线或有些车站内接触网取电的馈电地线，也可在轨道电路区段内设置一个空扼流变压器。

对于不连接轨道继电器的空扼流变压器，其信号线圈经 BG_1-130/25 型轨道变压器与补偿器相连，如图 6-3-4 所示。

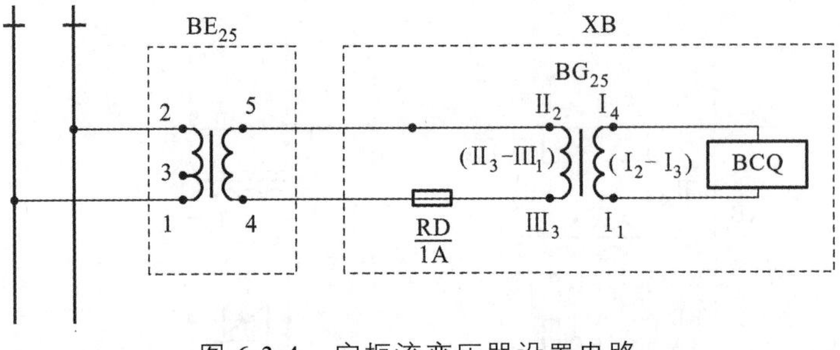

图 6-3-4　空扼流变压器设置电路

补偿器的作用是：

（1）对轨道电路的信号传输进行补偿，减少空扼流变压器对轨道电路信号能量的消耗，以减小轨道电路的总功耗，从而使轨道电路的供电变压器二次侧（Ⅱ端）电压不至于因增设空扼流变压器后增大太多，当该空扼流变压器断线后也不会因轨道电路的分路检查条件被恶化而影响轨道电路的允许长度。

（2）对机车信号的信息进行补偿，以减少空扼流变压器对机车信号信息的能量消耗，从而使机车信号的工作稳定可靠。

对于不同机车信号制式，其补偿器的种类不同。

在一送一受情况下，25 Hz 相敏轨道电路带有无受电分支及有附加扼流变压器时的允许长度如表 6-3-1 所示。

表 6-3-1　一送一受 25 Hz 相敏轨道电路的长度

扼流方式	一个分支		两个分支		三个分支		无分支但有附加扼流
	无附加扼流	有附加扼流	无附加扼流	有附加扼流	无附加扼流	有附加扼流	
双扼流	700 m	700 m	600 m	600 m	500 m	500 m	1500 m
无扼流	1000 m		900 m		800 m		

二、一送两受轨道电路和一送三受轨道电路

邻接股道的道岔区段一般采用一送两受或一送三受轨道电路，以监督线路完整性和有良好的分路检查。在一个区段内，所用扼流变压器总数应考虑轨道变压器供电电压和保证轨道电路分路检查的要求，一般不应超过 4 台。为提高分路灵敏度，带扼流变压器的轨道电路，其限流电阻采用 4.4 Ω；无扼流变压器的轨道电路，其限流电阻则采用 1.6 Ω。在受电端串有电阻器，是为了同时满足轨道电路的调整、分路和过载三种状态。

一送两受轨道电路根据有无受电分支的数量，可有 20 种不同布置：两个分支的 12 种，一个分支的 6 种，无分支的 2 种。在无受电分支末端允许设一个构通牵引电流的附加空扼流变压器。不带无受电分支的一送两受轨道电路如图 6-3-5 和图 6-3-6 所示。

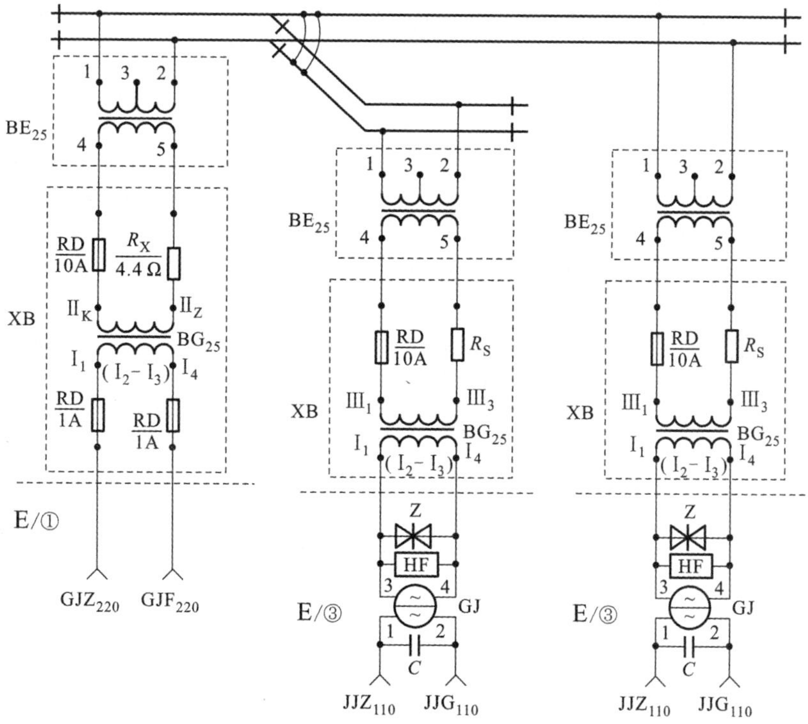

图 6-3-5　带扼流变压器的一送两受轨道电路原理图

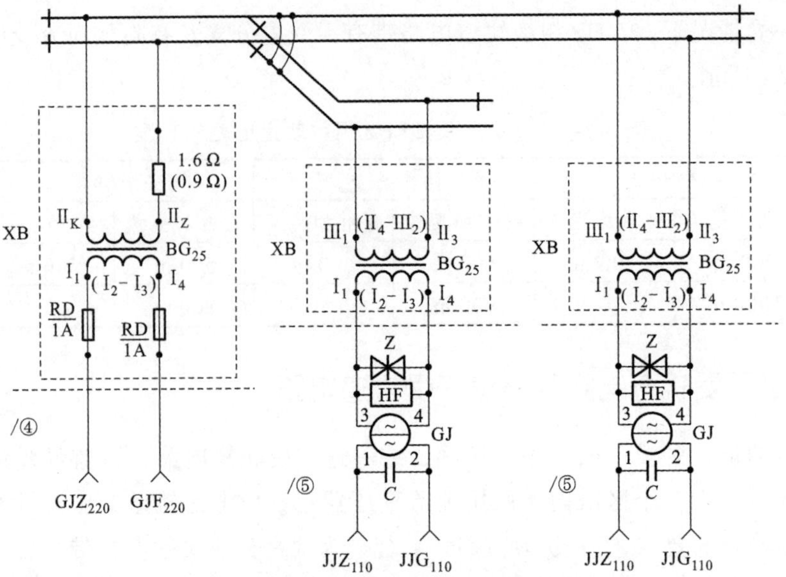

图 6-3-6　不带扼流变压器的一送两受轨道电路原理图

一送三受轨道电路根据有无受电分支的数量，可以有 5 种不同布置：一个分支 3 种，无分支的 2 种。不带无受电分支的一送三受轨道电路如图 6-3-7 和图 6-3-8 所示。

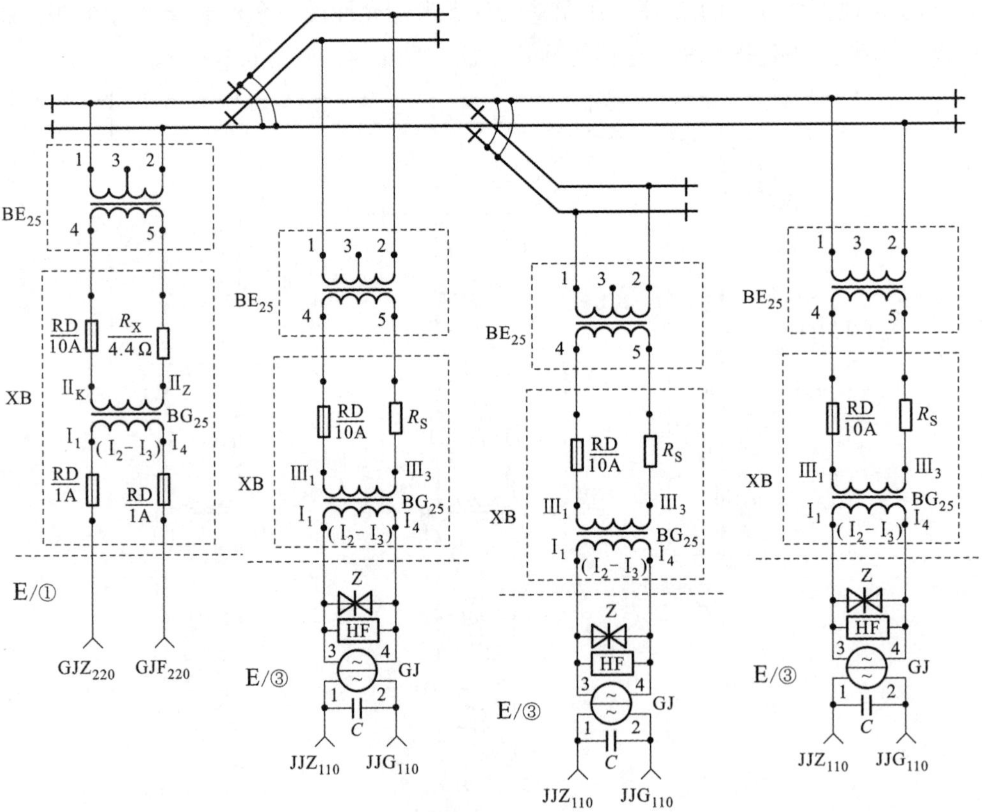

图 6-3-7　带扼流变压器的一送三受轨道电路原理图

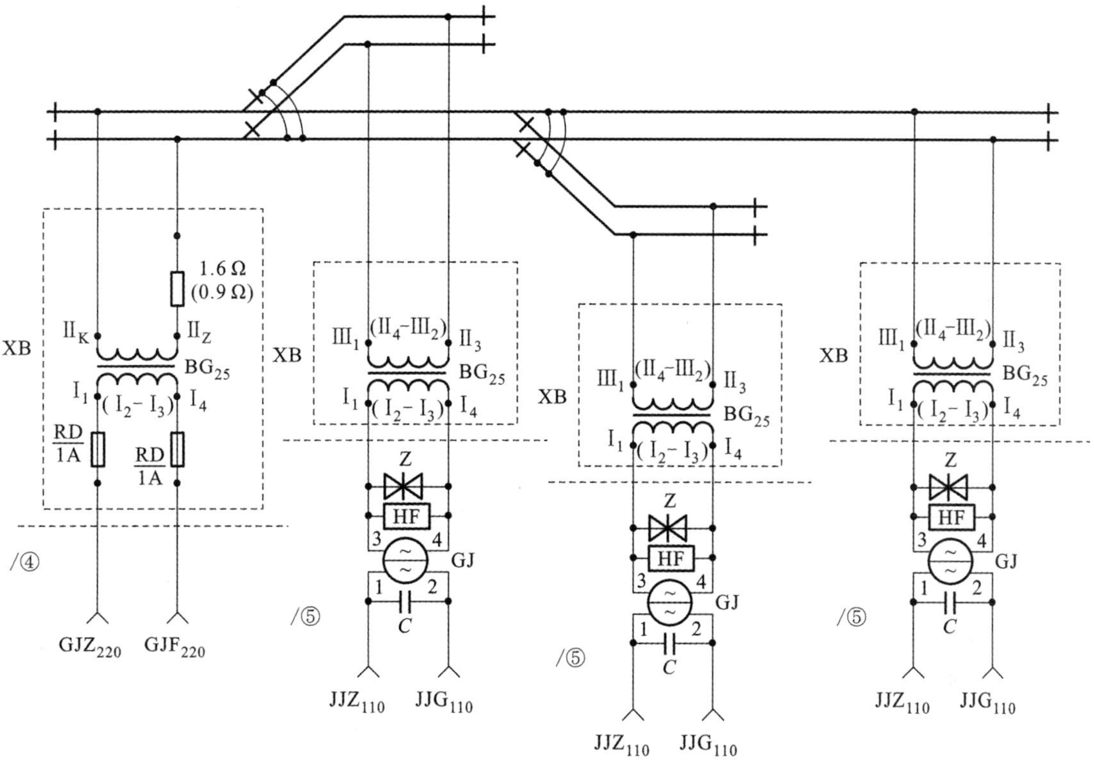

图 6-3-8 不带扼流变压器的一送三受轨道电路原理图

任务实施

1. 简述一送一受轨道电路的组成和原理。
2. 简述一送两受、一送三受轨道电路的原理和应用场合。

任务四 97 型 25 Hz 相敏轨道电路

任务导入

原 25 Hz 相敏轨道电路在现场大量使用后，逐步暴露出一些技术缺陷，于是研制出了新型 25 Hz 相敏轨道电路，称为 97 型 25 Hz 相敏轨道电路。

任务目标

1. 了解原 25 Hz 相敏轨道电路存在的问题；
2. 掌握 97 型 25 Hz 相敏轨道电路的改进措施。

相关知识

97 型 25 Hz 相敏轨道电路在保留原 25 Hz 相敏轨道电路工作稳定可靠、维修简单、故障率低的优点的基础上，提高了抗冲击干扰的能力，并延长了轨道电路的极限长度。

97 型 25 Hz 相敏轨道电路按送、受电端是否有扼流变压器分为送、受电端均设扼流变压器和送、受电端均不设扼流变压器两种。

一、原 25 Hz 相敏轨道电路存在的问题

原 25 Hz 相敏轨道电路存在以下问题：

（1）JRJC-66/345 型二元二位继电器设计不合理，危及行车安全。由于其翼片和继电器罩工艺设计欠妥，曾出现过有车占用时因翼片卡阻而不落下的危险情况。

（2）受电端不设扼流变压器影响轨道电路的工作稳定。受电端不设扼流变压器时，牵引电流对轨道继电器的干扰要比设扼流变压器时大得多。

（3）设置空扼流引起电码化工作不稳定。当轨道电路送电端实施移频化时，如果股道中部设有专供车站馈电用的扼流变压器时，机车驶过此扼流变压器之前，因钢轨内移频电流不足而会发生机车信号闪灯的现象。

（4）电源屏配置不合理造成浪费。因 25 Hz 电源屏内的局部分频器和轨道分频器的容量不配套，即局部容量小、轨道容量偏大，其结果不但给工程设计时选用电源屏的型号带来不便，而且常出现局部容量不够、轨道容量有余的情况，因此只得升级选用更大型的电源屏，造成浪费。

（5）牵引电流不平衡引起的问题。我国电气化铁路的钢轨接续线多采用双套塞钉式，其接触电阻不稳定，因而设计和生产扼流变压器时对其中点对称性无指标要求，产品的对称性差异很大，造成牵引电流的不平衡系数增加 2%～3%，再加上扼流变压器引至钢轨的两根引接线一长一短，其电阻值也不相等，由此引起的牵引电流不平衡导致牵引电流侵入轨道电路设备的干扰量增大，严重时极易误动轨道继电器。

（6）原 25 Hz 相敏轨道电路还存在着不能适应提速、重载运输、股道有效长延长等要求。

二、97 型 25 Hz 相敏轨道电路的改进措施

1. 提高了绝缘破损防护性能

97 型 25 Hz 相敏轨道电路的钢轨引接线改用焊接方式，减小了接触电阻，因此提高了绝缘破损防护性能。

2. 取消了不设扼流变压器的送、受电端的单扼流轨道电路

不设扼流变压器时，轨道继电器所受干扰远大于设扼流变压器的区段，产生误动的机会也较多。因此在 97 型 25 Hz 相敏轨道电路中，将有回归电流的轨道电路送、受电端（不

包括其上无接触网的区段）一律设置了扼流变压器。

3. 改变了扼流变压器的连接方式

将连向钢轨的一长一短引接线设计成等阻线，使扼流变压器的外部连接方式得以改善，不平衡系数控制在 1%以内，从而使牵引电流回归系统的不平衡系数得以降低。

4. 优化了电源屏的配置

改进后的 97 型 25 Hz 相敏轨道电路，每一区段的平均功率为 20 W，每个继电器的局部线圈加电容补偿后的功率为 6.5 W。考虑单受和多受区段的比例，一个车站的轨道电路数和轨道继电器数按 1∶2 计算，就相当于轨道分频器和局部分频器供给每一段轨道电路分别耗电 20 W 和 13 W，将分频器容量由原来的 300 W、600 W、1400 W 改为 400 W、800 W、1200 W，组成了Ⅰ型（PXT-800/25）、Ⅱ型（PZT-1600/25）、Ⅲ型（PZT-2000/25）、Ⅲ型（PDT-4000/25）四种电源屏，分别供小站（20 个区段以内）、中站（20～40 个区段、40～60 个区段）、大站（60～120 个区段）使用。

5. 改进了交流二元继电器

经优化磁路设计和提高工艺设计水平后，新型交流二元继电器的性能有所提高。例如：① 后接点压力由 15 g 增加到 20 g；② 返还系数由 0.5 增到 0.55；③ 消除了因翼板碰撞外罩而造成卡阻的可能故障。

6. 增加了扼流变压器的种类

97 型 25 Hz 相敏轨道电路采用的扼流变压器种类，由原来的仅 400 A 一种，增加了 600 A 和 800 A 两种。400 A、600 A、800 A 扼流变压器分别供侧线、正线和靠近牵引变电所的区段使用。

7. 改善了移频电码化的发送条件

97 型 25 Hz 相敏轨道电路固定了送电端供电变压器的变比，使之和受电端匹配变压器的变比相同。由于此变比比原变比大大减小，从而改善了移频发送时的匹配特性。原供电变压器的变比高达 220/7～220/4，现改为固定变比 220/15。此方法不仅克服了原移频机车信号有时不稳定的问题，还在不增加器材数量的基础上，将室内原隔离变压器改为兼有隔离和供电双重功能的变压器，调整它的输出电压即可进行轨道电路的调整。这使得 25 Hz 轨道电路移频化的调整和测试均能集中在室内进行，极大地方便了现场调整、测试和维修工作。

8. 极限长度延长

（1）提高了送电端的输入阻抗，将送电端限流电阻由原来的 2.2 Ω 增加到 4.4 Ω，将受电端匹配变压器的变比由 1∶7 降为 1∶5。

（2）改进了分频器的设计，将 25 Hz 分频器的 25 Hz 输出电压的允许波动范围，由原来的 ±5% 减少到 ±3%。

通过以上措施，最终能将轨道电路的极限长度由原来的 1200 m 提高到 1500 m。

9. 提高了系统的抗干扰能力

采用综合治理方式对原 25 Hz 相敏轨道电路的制式进行改进，首先设法尽量减少干扰电流的侵入量，其次在干扰电流侵入后，设法降低其干扰作用；另外，侵入的干扰电流若能造成轨道继电器误动作，则设法使其误动的后果不影响其他信号设备或电路。经过上述改进措施，就达到了提高系统抗冲击干扰的目的。

97 型 25 Hz 相敏轨道电路的电气特性是：调整状态时，轨道继电器轨道线圈上的有效电压应不小于 18 V，即高于轨道继电器工作值（15 V）的 20%，以保证轨道继电器能可靠吸起。

用 0.06 Ω 标准分路电阻线在轨道电路送、受电端轨面的任意处分路时，轨道继电器端电压（分路残压）应不大于 7.4 V，而轨道继电器的释放值是 8.6 V，留有一定余量，以保证前接点可靠断开。

任务实施

1. 简述原 25 Hz 相敏轨道电路存在哪些问题。
2. 简述 97 型 25 Hz 相敏轨道电路做了哪些改进。

任务五　JXW25 型微电子相敏轨道电路

任务导入

JXW25 型微电子相敏轨道电路保留了原相敏轨道电路的优点，用电子接收器取代原交流二元继电器，彻底解决了原继电器接点卡阻、抗电气化干扰能力不强、返还系数低等问题，与原继电器的接收阻抗、接收灵敏度相同，提高了安全性和可靠性。

任务目标

1. 掌握 JXW25 型微电子相敏轨道电路接收器的分类及使用；
2. 掌握 JXW-25A 单套微电子相敏接收器；
3. 掌握 JXW-25B 双套微电子相敏接收器。

相关知识

JXW25 型微电子相敏轨道电路接收器以微处理机为基础，采用数字处理技术对轨道电路信息进行分析，检出有用信息，除去干扰，完成电气化区段 25 Hz 相敏轨道电路的接收功能。

一、JXW25 型微电子相敏轨道电路接收器的分类及使用

微电子相敏轨道电路接收器根据使用需要分为单套设备（JXW-25A 型）和双套设备（JXW-25B 型）。设备安装在安全型继电器罩内，采用继电器插座。使用 JXW-25B 型微电子接收器时，需要配备接收变压器盒、报警盒。微电子接收器的型号及名称如表 6-5-1 所示。

表 6-5-1　微电子接收器的型号及名称

型　号	名　称	备　注
JXW-25A	单套微电子相敏接收器	安全型继电器结构
JXW-25B	双套微电子相敏接收器	安全型继电器结构
HBJ	接收变压器盒	安全型继电器结构，用于双套
HB	报警盒	安全型继电器结构，用于双套

二、JXW-25A 单套微电子相敏接收器

JXW-25A 单套微电子相敏接收器端子如图 6-5-1 所示。采用 JXW-25A 型接收器的轨道电路如图 6-5-2 所示，当接收器接收到符合规定的 25 Hz 轨道电压，且局部电压超前轨道电压一定范围的角度时，微电子接收器使执行继电器吸起。当收到的信号不能完全满足以上条件时，执行继电器落下。

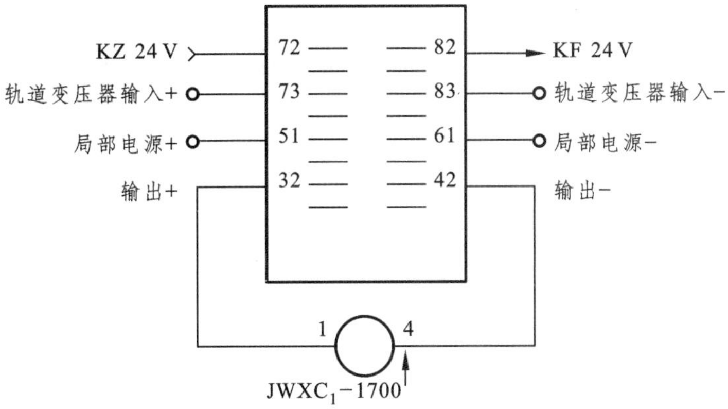

图 6-5-1　JWX-25A 型微电子相敏轨道电路接收器端子

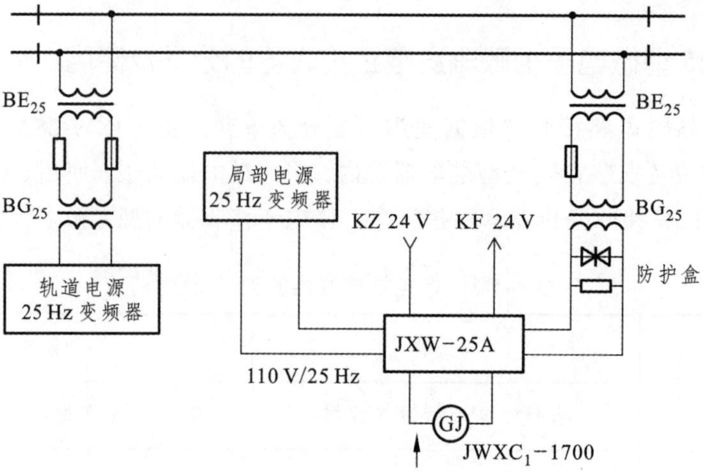

图 6-5-2　25 Hz 微电子相敏接收轨道电路（JXW-25A 型）

三、JXW-25B 双套微电子相敏接收器

JXW-25B 型微电子相敏轨道电路接收器是 JXW-25A 型的双套化产品，其两套设备中只要有一套能正常工作，就能保障系统正常运行，进一步提高了系统的可靠性；如果其中一套发生故障，能及时报警，通知维修人员进行维修，而且对其中单套维修时，不影响系统使用，大大方便了现场维修。

JXW-25B 型微电子相敏轨道电路的接收变压器盒和微电子接收器盒都安装在安全型继电器罩内，JXW-25B 型微电子接收器盒的端子配线图如图 6-5-3 所示，每个接收变压器盒安装 2 个轨道接收变压器，其端子配线图如图 6-5-4 所示。

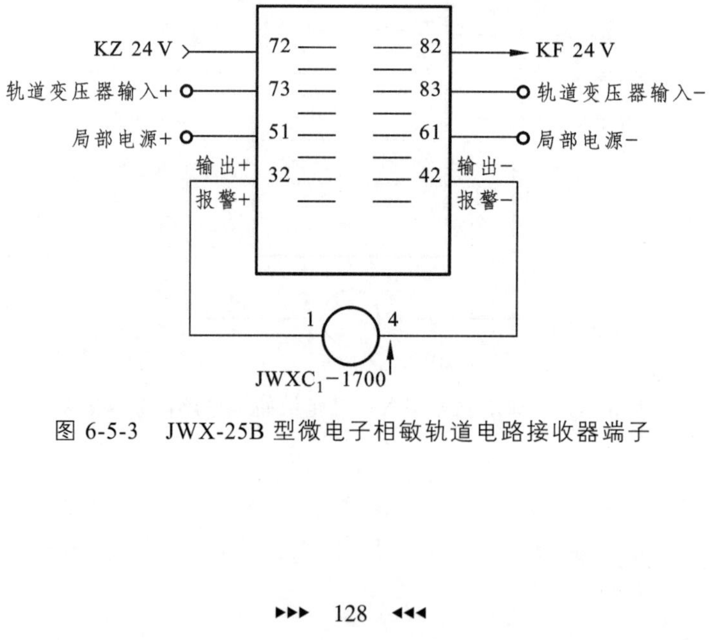

图 6-5-3　JWX-25B 型微电子相敏轨道电路接收器端子

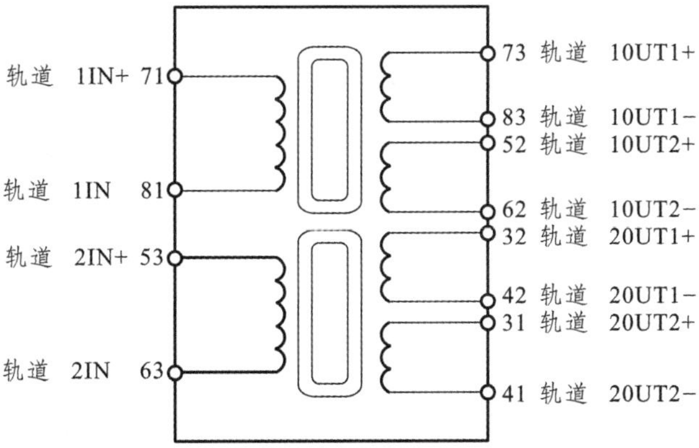

图 6-5-4　JXW-25B 型接收变压器端子图

JXW-25B 型微电子相敏轨道电路的电子接收器与防护盒安装在不同的组合中，在设计时，两个电子接收器组合配合一个防护盒组合，如图 6-5-5 所示，构成 8 套轨道电路接收器，每个电子接收器组合设置一个报警单元，报警单元上有报警表示灯，能明确显示哪个设备发生故障，并驱动报警继电器（BJJ）。JXW-25B 型报警器端子如图 6-5-6 所示，采用 JXW-25B 型接收器的轨道电路原理如图 6-5-7 所示。

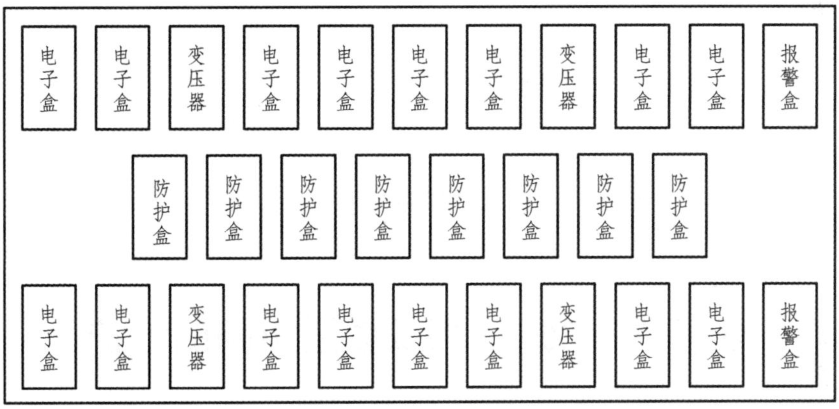

图 6-5-5　JXW-25B 型微电子相敏轨道电路接收器组合

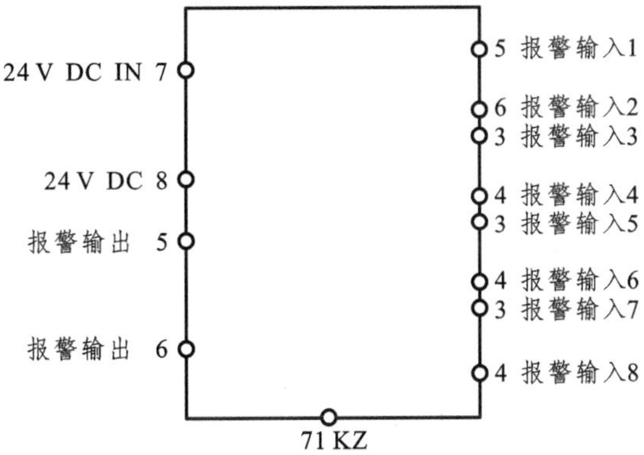

图 6-5-6　JXW-25B 型报警器端子图

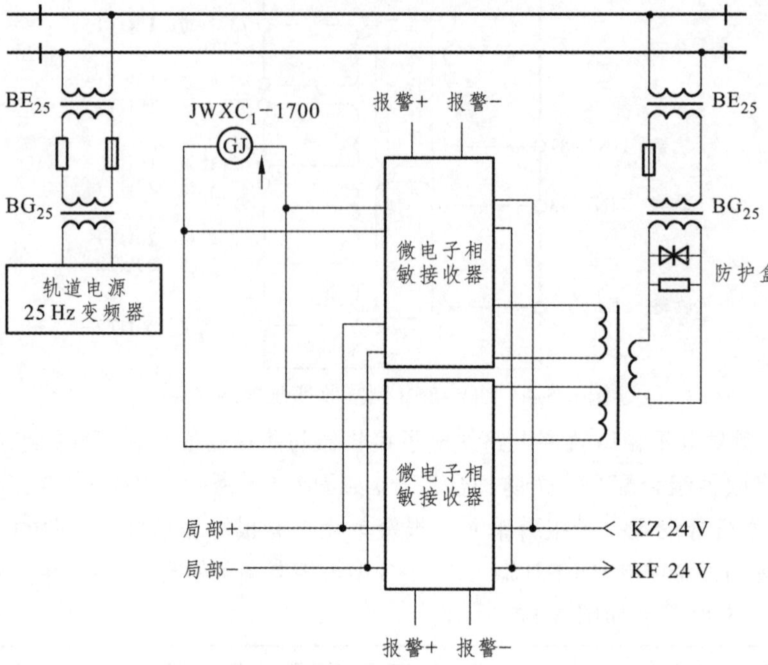

图 6-5-7　25 Hz 微电子相敏轨道电路（JXW-25B 型）

任务实施

简述 JXW25 型微电子相敏轨道电路接收器的分类。

任务六　25 Hz 相敏轨道电路的维护

任务导入

25 Hz 相敏轨道电路的维护与连续式交流轨道电路的维护有区别，也有联系，请同学们对照学习。

任务目标

1. 掌握 25 Hz 相敏轨道电路的主要技术指标；
2. 掌握 25 Hz 相敏轨道电路的测试调整；
3. 掌握 25 Hz 相敏轨道电路故障分析。

相关知识

一、25 Hz 相敏轨道电路的主要技术指标

（1）97 型电源屏及智能 25 Hz 电源屏输出轨道电压为(220±6.6) V，局部电压为(110±3.3) V、(25±0.25) Hz；局部电源电压相位超前于轨道电压相位 90°±1°；输出 JXW25 直流电压应为 24(1±15%) V。

（2）调整状态时，GJ 可靠吸起。旧型 25 Hz 轨道电路继电器线圈端电压标准，道岔和无岔区段为 20 ~ 24 V；到发线或接近区段：800 ~ 1000 m 为 20 ~ 25 V，1000 m 以上为 25 ~ 30 V。97 型 25 Hz 轨道电路继电器线圈电压标准，道岔和无岔区段为 18 ~ 22 V；到发线或接近区段：800 ~ 900 m 为 18 ~ 25 V，900 ~ 1000 m 为 19 ~ 27 V，1000 m 以上为 25 ~ 30 V。JXW25 接收器接收端电压不小于 16 V，直流电压输出应为 20 ~ 30 V；轨道线圈电压滞后局部电压相位角应在 90°±30°以内。

有车占用或故障时，或用 0.06 Ω 标准分路电阻线在任意一处分路时，GJ 应可靠落下。旧型轨道电路的 GJ 轨道线圈电压应不大于 7.0 V；97 型轨道电路的 GJ 轨道线圈电压应不大于 7.4 V；JXW25 接收器接收端电压不大于 10 V，直流电压输出应不大于 2 V。

（3）轨道电路送、受电端扼流变压器至钢轨应采用等阻线，接线电阻不大于 0.1 Ω。

（4）轨道电路送、受电端轨道变压器至扼流变压器的接线电阻不大于 0.3 Ω。

（5）轨道电路电源屏至送电端轨道变压器一次侧的电缆允许压降为 30 V，轨道继电器至受电端轨道变压器间的电缆电阻不大于 150 Ω。

（6）轨道电路送、受电端的电阻器阻值应参考调整表中给出的数值固定，不得调小。

（7）对于电码化区段，在机车信号入口端用 0.06 Ω 标准分路电阻线分路时，应满足动作机车信号最小短路电流的要求（对于 ZPW-2000A 型用 0.15 Ω 标准分路电阻线分路时，频率为 1700 Hz、2000 Hz、2300 Hz 的短路电流不小于 500 mA，频率为 2600 Hz 的短路电流不小于 450 mA）。

（8）相邻轨道区段应满足极性交叉的要求。

（9）适用于钢轨内连续牵引总电流不大于 800 A，钢轨内不平衡电流不大于 60 A 的交流电气化牵引区段的站内及预告区段的轨道电路。

二、25 Hz 相敏轨道电路的测试调整

（一）25 Hz 相敏轨道电路的测试

（1）送、受电端变压器一次侧（Ⅰ端）、二次侧（Ⅱ端）电压测试：轨道电路在调整状态，用选频电压表在变压器一次侧、二次侧端子上测得。

（2）限流器电压测试：轨道电路在调整状态，用选频电压表在限流器两端测得。

（3）送、受电端轨面电压测试：轨道电路在调整状态，用选频电压表在送、受电端轨

面测得。

（4）轨道继电器测试：轨道继电器电压、相位及 JXW-25 输出电压在 25 Hz 轨道电路测试盘上直接测试读取。

（5）分路残压测试：室外用 0.06 Ω 标准分路线在轨道送、受电端及无受电分支处轨面分路时，室内在 25 Hz 轨道电路测试盘上直接测试读取。

（6）送、受电端 BE 不平衡电流检查测试：用 CD96-3 型表的电流钳在两条钢丝绳上测试电流，其差为不平衡电流。

（7）扼流变压器 BEI 的一、二次侧线圈间的绝缘检查：断电时，用兆欧表的两个表棒分别接 BE 的一、二次侧端子摇绝缘。

（二）极性交叉检查测试

用选频电压表在轨端绝缘处轨面测试，如图 6-6-1 所示。在电气化有扼流变压器区段，两轨端绝缘处电压 V1+V4 之和约等于两轨面电压 V2+V3 之和，或轨端绝缘处电压 V1、V4 大于交叉电压 V5、V6 时，有相位交叉。或用 CT268A 型轨道电路极性交叉检查仪测量检查邻接区段是否极性交叉。

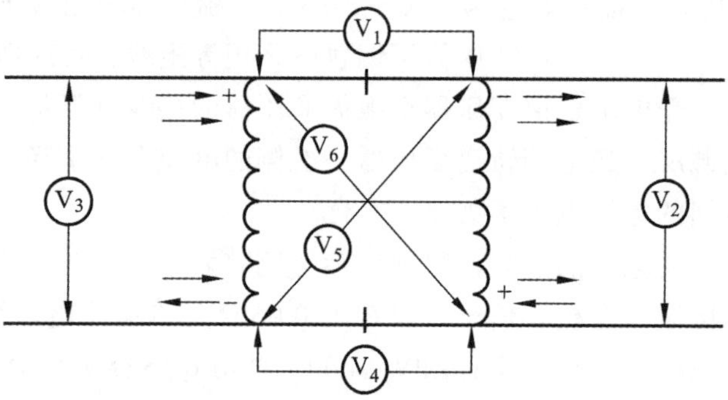

图 6-6-1　极性交叉检查测试

（三）入口电流测试

顺着列车运行方向，在列车最先进入区段的一端，用标准分路线短路轨面，分路线卡在 CD96-3 型表的电流钳内，所显示电流值即为入口电流。应选在“天窗”时间内进行，以防止不平衡电流干扰。站内电码化需在发码条件下测试，不同的发码设备要选用相应的频段。

三、25 Hz 相敏轨道电路的调整步骤

（一）首先测试、调整 25 Hz 轨道电源屏

在电源屏输出电压、电流满足 25 Hz 相敏轨道电路技术条件下，方可进行轨道电路的调整工作。

（二）选定送、受电端变压器 BG25 的变比

电码化区段，BG25 变压器的变比应固定，通过调整室内 BMT-25 变压器的输出来改变送电端的供电电压。非电码化区段，由室外调整送电端的 BG_5 变压器，其二次侧电压按照参考调整表（见表 6-6-1）调整。受电端变压器 BG_2-130/25 的二次侧有扼流变压器时，使用 $Ⅲ_1$-$Ⅲ_3$ 的 15.84 V 挡，无扼流变压器时使用 $Ⅲ_1$-$Ⅲ_3$ 的 4.4 V 挡。

调整各类变压器时应注意不要将同名端接错。如果器材同名端有误，应及时更换，不许采取人工极性交叉方式解决，否则将破坏全站的相位交叉。

表 6-6-1　BMT-25 Hz 室内调整变压器电压调整表

输出/V	连接端子	输出/V	连接端子	输出/V	连接端子
10	0-4　5-10	70	0-5　6-7　8-10	130	0-4　6-8　9-10
20	0-5　6-10	80	0-4　6-7　8-10	140	0-7　5-9　4-10
30	0-7　6-8　5-10	90	0-8　5-9　4-10	150	0-7　9-10
40	0-7　5-8　4-10	100	0-8　9-10	160	0-4　5-7　9-10
50	0-7　8-10	110	0-4　5-8　9-10	170	0-5　6-7　9-10
60	0-4　5-7　8-10	120	0-5　6-8　9-10	180	0-4　6-7　9-10
粗调	按此表进行连接，即可得到表中 10 V 档的粗调的电压				
细调	如果需要细调电压，打开 0 号至其他端子的连线，串入 1、2 增加 2.5 V，串入 2、3 增加 5 V，串入 1、3 增加 7.5 V。如需要得到 12.5 V，打开 0-4 连线，连接 0-1、2-4 即可				

（三）选定送、受电端的限流电阻

按参考调整表 6-6-2 中的数值选定，不得随意调整，否则会破坏轨道电路的整体特性，尤其是分路特性。

表 6-6-2　限流电阻参数调整表

区段类型	区段长度/m	有扼流变压器			无扼流变压器		
		送电端/Ω	受电端/Ω	二次侧电压/V	送电端/Ω	受电端/Ω	二次侧电压/V
无岔区段	100 ~ 400	4.4	0	3.2 ~ 4.2	0.9	0	1.4 ~ 1.9
无岔区段	500 ~ 1000	4.4	0	4.9 ~ 7.8	4.4	0	4.6 ~ 7.2
无岔区段	1100 ~ 1500	4.4	0	8.6 ~ 12.8	4.4	0	7.9 ~ 11.7
一送一受	100 ~ 400	4.4	0	3.3 ~ 4.4	1.6	0	2.0 ~ 2.9
一送二受	≤200	4.4	2.2	4.4 ~ 6.4	1.6	0	2.9 ~ 4.3
一送三受	≤200	4.4	2.2	5.9 ~ 8.9	1.6	0	4.0 ~ 5.0

（四）调整轨道电路供电变压器的电压

同时测量轨道继电器的电压和相位角，使轨道继电器电压满足技术指标：调整状态时≥15 V，经验值为 20 ~ 26 V；分路状态时≤7.4 V，一般要达到 2.6 V 以下。对于电码化区段，调整方法为改变室内 BMT-25 的输出端子；对于非电码化区段，按参考表数值调整，改变送电端变压器 BG25 的二次侧电压。

（五）相位角调整

调整防护盒的接线端子，使轨道继电器的相位角满足技术指标。相位角偏差大时，可调整防护盒的使用端子和连接端子的接线。

（六）反复精确调整和一次调整

在轨道继电器吸起后，应再检查调整相位角，然后重新调整轨道继电器电压，反复数次后使之达标。轨道电路首次调整开通后，还需要加强检测，并进行一次调整。一般应经历一次雨季和冬季晴天最不利条件测试。冬季晴天检查能确保分路，雨季时检查轨道继电器能可靠吸起。

（七）入口电流的调整

对于正线接车进路电码化，无岔区段、道岔区段同样是由正线股道的发码设备来发送移频信号的，而无岔区段、道岔区段的长度要远远小于正线股道的长度，即通过钢轨的损耗要小得多，因而无岔区段、道岔区段的入口电流要大于正线股道的入口电流。

1. 入口电流调整的下限

《铁路信号维护规则》中规定："装有机车信号的轨道电路，在最不利的条件下，用标准分路电阻在入口端轨面分路时，为机车信号提供的最小短路电流值应大于该机车信号制式接收灵敏度，并有一定的安全系数，以适应各种变化的因素，使机车信号设备可靠地工作"。

考虑到雨天道床漏泄、电源电压波动等因素，如果入口电流调整得太小，就有可能造成机车信号掉码，甚至无法正常接收信号。因此，建议入口电流调整的下限在"钢轨最小短路电流"的 2 倍较为合适。

2. 入口电流调整的上限

电气化区段的入口端最小钢轨短路电流要比非电气化区段的大 3 倍。如果车载机车信号设备按照电气化区段设定，机车在非电气化区段运行时，机车信号就不能正常工作；如果车载机车信号设备按照非电气化区段设定，机车在电气化区段运行时，机车信号就会容易受邻线和电气化牵引电流干扰。

如果入口电流调整得太大，当车载机车信号主机接收到的邻线干扰等感应电压超过"机车灵敏度"时，就会产生窜码。因此，轨道电路区段的入口电流调整不宜过大，建议入口电流调整的上限在“钢轨最小短路电流”的 3 倍较为合适。

3. 入口电流的调整范围

建议轨道电路区段的移频入口电流一般调整为钢轨最小短路电流的 2 ~ 3 倍，为满足主体化机车信号和列车超速防护的需要，在非电气化区段的入口电流也按电气化区段统一标准，即 1700 Hz、2000 Hz、2300 Hz 为不小于 500 mA，2600 Hz 为不小于 450 mA。

（八）调整 25Hz 相敏轨道电路时应注意的事项

（1）严格按照调整表所要求的轨道线圈端电压的范围进行调整，留出电源电压波动的适当余量。一般应采取改变送电变压器二次抽头及连接跨线的方法，调整送电端电压，二次侧采用正串、反串增减输出电压，使之符合道床的自然状况。在调整时，凡是能造成扼流变压器二次侧开路的情况，都要做好防护。

（2）在最不利情况下（晴天、道床最好时），用标准分路线（0.06 Ω）进行送分、受分和岔分时，轨道继电器线圈残压应小于 7 V，轨道继电器前接点应可靠断开（对于一送多受，只要一个轨道继电器线圈残压符合上述要求即合格）。

（3）调整轨道电路时，不允许将各端限流电阻调到低于技术要求的数值，不允许改变各端匹配变压器的变比。因此，轨道电路调整前必须事先检查各部电阻阻值的变化与定型图是否相符，然后再进行电压调整。

（4）根据分路灵敏度和断轨灵敏度的要求，轨道电路受电端的输入阻抗应当在 0.2 ~ 0.5 Ω 范围内。因为，此阻抗如小于 0.2 Ω，分路灵敏度就低于标准值；如大于 0.6 Ω，就不能检查断轨。

（5）对于长轨道电路，在道床电阻小的时候（雨季），不能把轨道继电器线圈电压调得过高。

四、25 Hz 相敏轨道电路故障分析

（一）断路故障分析

首先确定故障在室内还是在室外。在分线盘上甩开回楼电缆（两根甩净），用万用表的交流 100 V 挡测回楼电压，电压大于 50 V 说明故障在室内，电压没有变化说明故障在室外。

室内断线处：继电器线圈断线，继电器插接不良，防护盒内部断线，分线盘螺丝松动，侧面端子焊点断开，正线电码化区段内 FMJ 未复原，电容断线等。

室外断线处：送、受电端熔断器断开，变压器线圈断线，电缆断线，钢轨折断，导接线断线等。此时，只要测量送电端限流电阻电压和送电端轨面电压就可以确定。若电压比正常值低即为断线故障，且断点在轨面或受电端处。

（二）混线故障分析

首先断开回楼电缆，用万用表交流 100 V 挡测量回楼电缆电压，大于 50 V 说明故障在室内；若电压很低，一般在 10 V 以下，说明故障在室外。

室内混线处：硒片击穿短路，防护盒内部混线，继电器线圈混线，分线盘和侧面端子有异物。

室外混线处：绝缘破损，轨缝绝缘内有铁屑，电缆对地绝缘严重不良（电缆盒进水），扼流变压器钢丝绳搭连，钢轨肥边封鱼尾板等。

任务实施

简述 25 Hz 相敏轨道电路如何调整。

项目七　移频轨道电路

知识导图

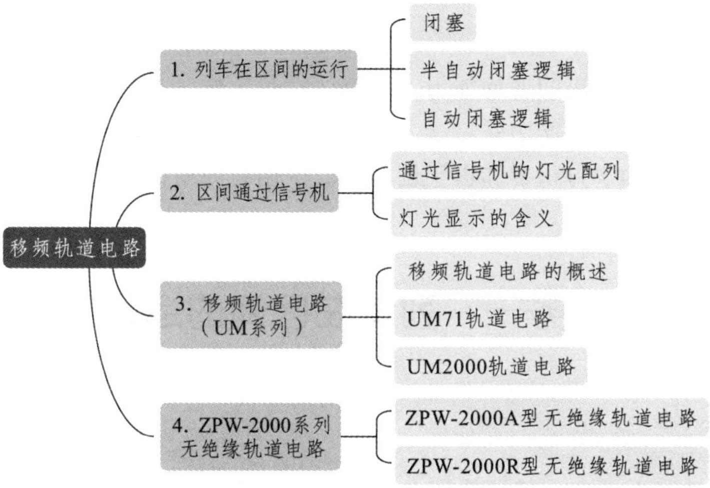

项目描述

在轨道电路的具体应用场景和制式中，移频轨道电路是现代铁路信号系统中不可或缺的重要组成部分，移频轨道电路是伴随着中国现代铁路，尤其是电气化铁路的发展而逐步发展起来的。在现代高速铁路中，移频轨道电路也作为站内轨道电路使用，本项目在阐述区间基本概念的基础上介绍移频轨道电路。

学习目标

1. 掌握闭塞和闭塞分区的概念；
2. 了解半自动闭塞逻辑；
3. 了解自动闭塞的特点和自动闭塞列车运行控制的方式；
4. 掌握四显示通过信号机的灯光配列和灯光显示的含义；

5. 了解移频的基本原理；
6. 掌握 UM71 电气绝缘节的原理；
7. 了解 UM2000 的特点；
8. 掌握 ZPW-2000A 型和 ZPW-2000R 型无绝缘轨道电路的特点。

能力目标

1. 能阐述闭塞和闭塞分区的概念；
2. 能说出四显示通过信号机的灯光配列和显示含义；
3. 能说出 ZPW-2000A 型无绝缘轨道电路的特点。

素质目标

1. 培养分析问题和解决问题的能力，培养“精益求精”的工匠精神；
2. 培养缜密的逻辑思维能力；
3. 培养不断探索的学习精神和勇于创新、敢于创新的精神。

任务一　列车在区间的运行

任务导入

在现代高速铁路系统中，移频轨道电路可以作为站内轨道电路使用，但要精准地理解移频轨道电路，必须先理解区间的相关概念。

任务目标

1. 掌握闭塞和闭塞分区的概念；
2. 了解半自动闭塞逻辑；
3. 掌握自动闭塞列车运行控制的方式和自动闭塞的优点。

相关知识

一、闭塞

如图 7-1-1 所示，甲、乙两站之间的线路称为区间，图中的区间为一个单线区间，并且没有轨道电路，列车运行时，可以从甲站向乙站发车，也可以从乙站向甲站发车，但当区间有车占用时，绝不允许有其他车辆再侵入区间范围内，否则可能造成追尾事故或迎面冲撞事故，只有当区间在空闲状态时，才允许甲站或乙站向区间发车。

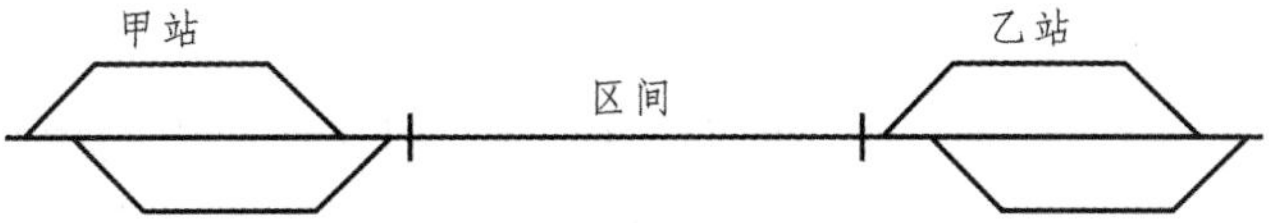

图 7-1-1　车站和区间

当区间内有车占用时，不允许其他车辆侵入的状态，称为区间闭塞状态。

当区间内无车占用时，允许其他车辆侵入的状态，称为区间处在空闲状态或解除闭塞状态。

区间从空闲状态进入闭塞状态，称为区间施行闭塞；区间从闭塞状态进入空闲状态，称为区间解除闭塞。

二、半自动闭塞逻辑

上面已经阐述不允许列车随意进入区间，那么采用什么机制来保证列车在区间内安全运行呢？假设区间处于无车占用状态，此时，甲站有一列车要通过区间运行至乙站，过程如下：

（1）甲站确认区间无车，并且乙站没有发车意向，此时甲站请求发车，此请求由甲站向乙站发出。

（2）乙站在没有发车意向的情况下，同意甲站发车，乙站同意发车意味着乙站放弃发车权，此时乙站转入闭塞状态，乙站将不再允许向区间发车。

（3）此时甲站的出站信号机允许开放（如果没有得到乙站的同意，甲站的出站信号机将不允许开放）。

（4）列车从甲站出发，当列车行将进入区间但还没有进入区间的时刻，由甲站向乙站发送消息，告知乙站列车将进入区间，此时甲站进入闭塞状态，甲站将不再允许向区间发车，乙站可以办理接车进路，进行接车。

（5）乙站办理接车进路进行接车，当列车完全进入乙站后，乙站办理解除闭塞的手续，告知甲站，列车已经完全到达，甲站解除闭塞。此时区间再次进入解除闭塞状态，甲站或乙站可以按上述步骤再次办理发车。

上述发车逻辑是半自动闭塞的发车逻辑，可以在区间没有轨道电路的状态下，很好地保障列车运行安全，但存在以下两个问题：

（1）区间没有轨道电路等列车占用检查设备，列车完全到达的状态需要人工确认，一旦有车被遗留在区间，将在下次发车后造成事故。

（2）上述发车方式效率太低，一方面是因为没有区间列车占用检查设备，另一方面是受两个车站之间是单线线路的限制。

解决上述问题的方案是：在两站之间增加线路，或设置区间轨道电路。

三、自动闭塞逻辑

如图 7-1-2 所示的双线区段。规定在双线区段上，每条线路上的列车只允许按一个方向运行，运行方向由左侧行车制给出。也就是说，在图 7-1-2 中，上方的线路只允许列车从甲站发往乙站，下方的线路只允许列车从乙站发往甲站，这样便可以从机制上避免迎面冲撞事故的发生，但列车的运行效率依然不会大幅提升，为此将区间划分为一段一段的较小区段（一般为 1200 m 左右），这种较小区段称为闭塞分区，每个闭塞分区只允许一辆列车运行，如图 7-1-3 所示。

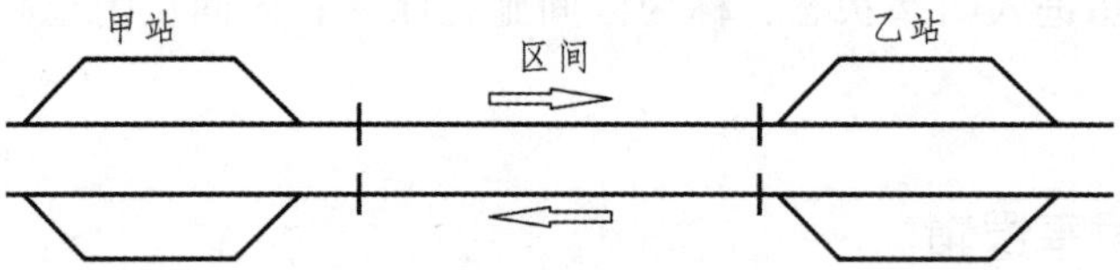

图 7-1-2　双线区间

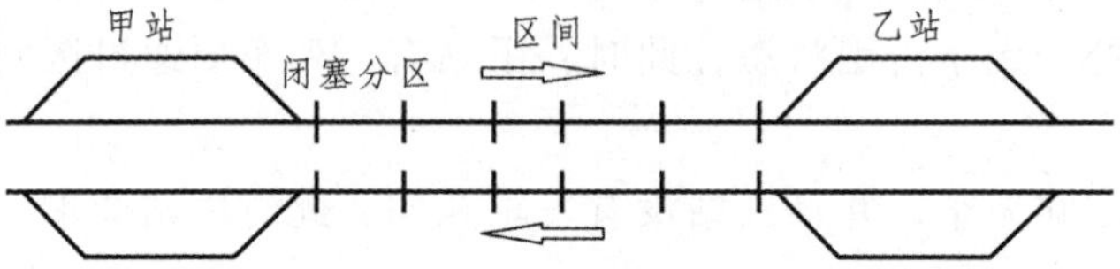

图 7-1-3　闭塞分区

由于每个闭塞分区内只允许一列列车运行，为了提高运行效率，需要实现列车追踪运行，因此需要为每一个闭塞分区增设轨道电路设备，同时在区间的入口处装设指挥列车进入该闭塞分区的信号机，这种信号机称为区间通过信号机，如图 7-1-4 所示。

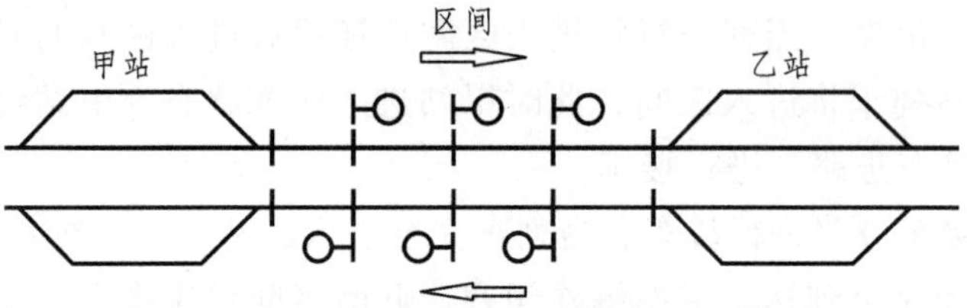

图 7-1-4　设有区间通过信号机的双线区间

区间通过信号机的开放条件需要根据前行列车的运行位置确定。

按上述方法组织行车的方式称为自动闭塞，自动闭塞有以下优点：

（1）两站间的区间允许续行列车追踪运行，大幅度提高了行车密度，显著提高了区间通过能力。

（2）列车在运行过程中，不需要办理闭塞手续，简化了办理接/发车的程序，提高了区间通过能力，又减轻了车站值班人员的劳动负担。

（3）通过信号机的显示直接反映运行前方列车所在位置以及线路的状态，确保了列车在区间内的运行安全。

（4）自动闭塞还能为列车超速防护提供连续的速度信息，构成更高层次的列车运行控制系统，以保证列车高速运行时的安全。

这里提出两个问题：一是如何控制区间通过信号机的显示；二是区间的轨道电路如何构成。这在下一个任务中进行介绍。

任务实施

请解释什么是区间和闭塞分区，并绘图说明。

思维拓展

在图 7-1-4 的基础上想一想区间通过信号机的开放条件是什么。

任务二　区间通过信号机

任务导入

区间通过信号机的控制，严格来讲并不属于轨道电路研究的范畴，但了解区间通过信号机的控制方式有利于对移频轨道电路的理解，以及对列车在区间运行控制的理解。本任务以四显示区段为例，介绍区间通过信号机的控制方式。

任务目标

1. 掌握四显示通过信号机的灯光配列；
2. 掌握四显示通过信号机灯光显示的含义。

相关知识

一、四显示通过信号机的灯光配列

之所以称为四显示，是因为区间通过信号机可以显示四种灯光颜色，分别为红、黄、绿黄、绿。

四显示通过信号机的灯光配列如图 7-2-1 所示，它有 3 个灯位，排列顺序自上而下依次是绿灯、红灯、黄灯。

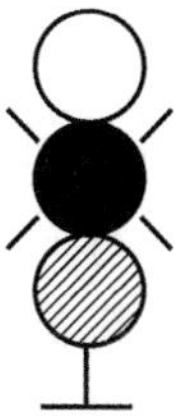

图 7-2-1　四显示通过信号机的灯光配列

二、灯光显示的含义

红灯——列车在该信号机前停车，如图 7-2-2 所示，闭塞分区 3G 有车占用，则防护 3G 的通过信号机显示一个红色灯光，后续行驶在 1G 的列车要在信号机前方停车。

图 7-2-2　红灯含义

黄灯——列车运行前方有一个闭塞分区空闲，如图 7-2-3 所示，闭塞分区 5G 有车占用，防护 5G 的通过信号机显示红灯，后续的闭塞分区 3G 无车占用，防护 3G 的信号机显示黄灯。

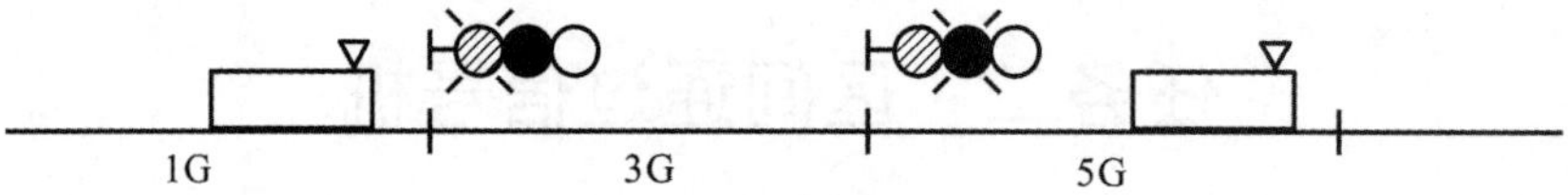

图 7-2-3　黄灯含义

绿黄灯——列车运行前方有两个闭塞分区空闲，如图 7-2-4 所示，闭塞分区 7G 有车占用，后续的闭塞分区 3G 和 5G 空闲，则此时防护 3G 的通过信号机显示绿黄灯。

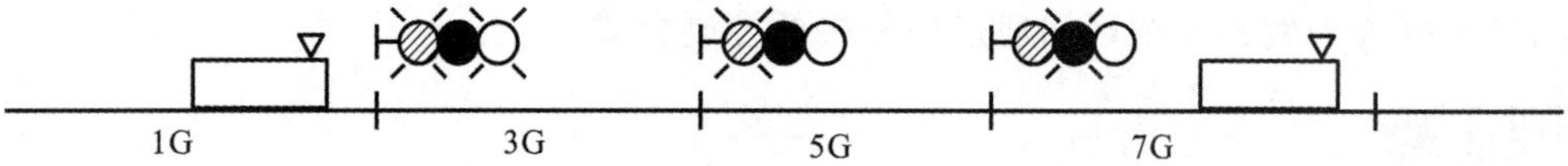

图 7-2-4　绿黄灯含义

绿灯——列车运行前方三个或三个以上闭塞分区空闲，如图 7-2-5 所示，闭塞分区 9G 有车占用，后续的闭塞分区 3G，5G，7G 空闲，此时，防护 3G 的通过信号机显示绿灯。

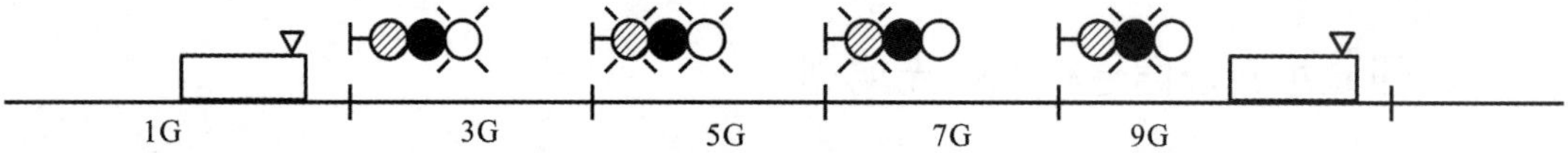

图 7-2-5　绿灯含义

任务实施

1. 请绘制四显示灯光配列图。
2. 填空：

列车运行前方三个或三个以上闭塞分区空闲，信号机显示：________________。
列车运行前方两个闭塞分区空闲，信号机显示：________________。
列车运行前方一个闭塞分区空闲，信号机显示：________________。
列车运行前方闭塞分区有车占用，信号机显示：________________。

任务三　移频轨道电路（UM 系列）

任务导入

现行区间轨道电路最常用的是移频轨道电路，移频轨道电路包括国产 4 信息、8 信息、18 信息移频轨道电路和引进的 UM71 无绝缘移频轨道电路以及国产化的 WG-21A 型和 ZPW-2000A 型、ZPW-2000R 型无绝缘移频轨道电路，目前主流的是 ZPW-2000 系列无绝缘轨道电路，其中 UM 系列移频轨道电路是 ZPW-2000 系列移频轨道电路的前身，本任务在简要介绍移频轨道电路原理的基础上，介绍 UM 系列轨道电路。

任务目标

1. 了解移频的基本原理；
2. 掌握 UM71 电气绝缘节的原理；
3. 了解 UM2000 移频轨道电路的特点。

相关知识

一、移频轨道电路概述

移频轨道电路是移频自动闭塞的基础，又用来监督该闭塞分区的空闲状态。它选用频率参数作为控制信息，采用频率调制的方式，把低频调制信号 f_c 搬移到较高频率（载频 f_0）上，以形成振幅不变、频率随低频信号的幅度作用周期性变化的移频信号。移频信号波形如图 7-3-1 所示。

从图 7-3-1 中可看出，移频信号的变化规律是，以载频 f_0 为中心，做上、下边频偏移，即当低频信号为低电位时，载频向下偏移，为 $f_1 = f_0 - \Delta f$（称为下边频）；当低频信号为高电位时，载频向上偏移，为 $f_2 = f_0 + \Delta f$（称为上边频）。可见，移频信号受低频信号调制做上、下边频交替变化，两者在单位时间内的变化次数与低频调制信号频率相同。

二、UM71 轨道电路

UM71 轨道电路采用调频方式，载频 1700 Hz、2000 Hz、2300 Hz、2 600 Hz，频偏为 11 Hz，低频从 10.3 ~ 29 Hz，每隔 1.1 Hz 是等差数列，共 18 个。

UM71 轨道电路采用的是谐振式无绝缘轨道电路。由设在室内的发送器、接收器、轨道继电器和设在室外的调谐单元、空心线圈、带模拟电缆的匹配变压器及若干补偿电容组成，如图 7-3-2 所示。

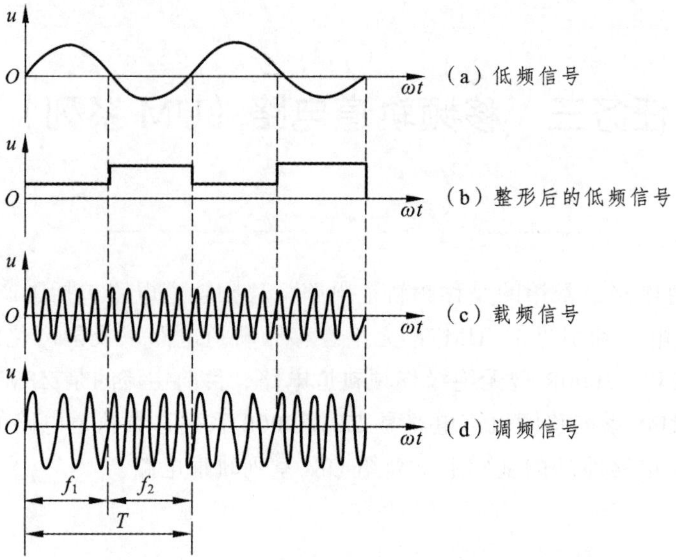

图 7-3-1　移频信号波形

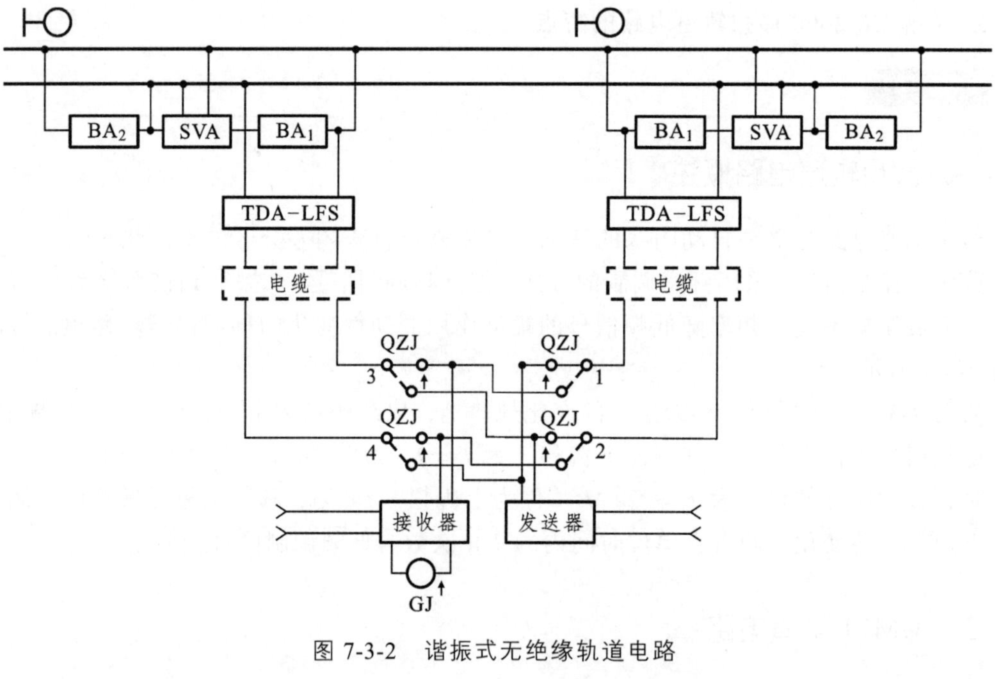

图 7-3-2　谐振式无绝缘轨道电路

两个调谐单元 BA_1 与 BA_2 之间距离 26 m，空心线圈 SVA 位于 BA_1 与 BA_2 的中间。BA_1、BA_2、SVA 及 26 m 长的钢轨构成电气调谐区。电气调谐区又称电气绝缘节，用来取代传统的机械绝缘节，以实现相邻轨道电路的电气隔离。

电气绝缘节如图 7-3-3 所示。

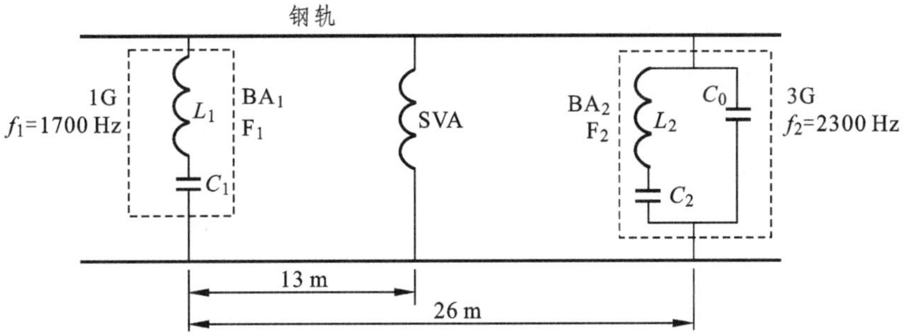

图 7-3-3　电气绝缘节

调谐单元 BA 是构成电气绝缘节的主要部件。相邻轨道电路的载频不同，BA 的型号也不同。BA_1 型由 L_1、C_1 构成，BA_2 型由 L_2、C_2、C_0 构成。

电气绝缘是通过谐振来实现的，载频确定后，选择 BA_1 及 BA_2 的参数，使本区段的调谐单元对相邻区段的频率呈串联谐振，只有百分之几欧姆的阻抗，移频信号被短路；而对本区段的频率呈容抗，与 26 m 钢轨的电感和 SVA 的电感配合发生并联谐振，有 2 ~ 2.5 Ω 的阻抗，移频信号被接收。这样，某种载频的移频信号只能在本区段内传送，而不能向相邻区段传送，就像有绝缘节一样，构成了电气隔离。

空心线圈 SVA 用来平衡两钢轨间的不平衡电流，还参加调谐区的工作以及保证维修安全，补偿电容用来抵消钢轨的感抗，保证轨道电路的传输距离。

三、UM2000 轨道电路

UM2000 轨道电路用于秦沈客运专线,区间和站内均采用它,实现了站内与区间一体化。

UM2000 轨道电路是数字编码无绝缘轨道电路，与 UM71 模拟轨道电路不同，它将单频信息改为 27 位数字编码，其中有效信息 21 位，信息量达 2^{21}，大大增加了信息的传输量，能满足分段连续速度模式曲线列控的需要。

UM2000 轨道电路的电气隔离原理同 UM71 轨道电路，载频也相同，但用于秦沈客运专线的 UM2000 轨道电路的电气绝缘节长度：桥面 19.2 m，非桥面 20.24 m。

UM2000 轨道电路的电气绝缘节如图 7-3-4 所示。

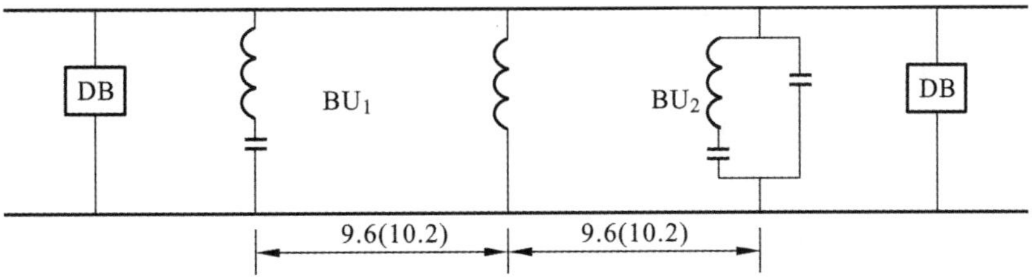

图 7-3-4　UM2000 轨道电路的电气绝缘节

UM2000 轨道电路在 UM71 轨道电路的基础上采取了几项改进措施，如增加了补偿调谐单元 DB。DB 平时对轨道电路起补偿作用，当通用调谐单元 BU 发生故障时，DB 作为调谐单元的备用元件，起到电气隔离相邻轨道电路的作用，增加了系统的安全性和可靠性。

与 UM71 轨道电路一样，UM2000 轨道电路也采用加装补偿电容的方法来保证轨道电路的传输距离。补偿电容器的电容量为 22 μF，但补偿电容的节距不是等距离的，而是根据载频轨道电路的实际长度计算得到的。

UM2000 轨道电路采用数字调频方式，27 位数字编码中有效位 21 位（秦沈客运专线使用 18 位，预留 3 位），前 6 位为循环冗余校验码（CRC），中间 18 位为实际使用码，其中坡度信息 4 位（可按坡度划分为 16 个等级），目标距离信息 6 位（按 5 m 精度划分），速度信息 8 位，最后 3 位为预留信息位。

任务实施

1. 简述 UM71 电气绝缘节的原理。
2. 简述 UM2000 轨道电路的特点。

任务四　ZPW-2000 系列无绝缘轨道电路

任务导入

了解了前面任务介绍的基础知识,本任务介绍 ZPW-2000 系列无绝缘轨道电路的特点和基本结构。

任务目标

1. 掌握 ZPW-2000A 型无绝缘轨道电路的特点；
2. 了解 ZPW-2000R 型无绝缘轨道电路的基本结构。

相关知识

一、ZPW-2000A 型无绝缘轨道电路

ZPW-2000A 型无绝缘轨道电路充分吸收了 UM71 轨道电路的技术优势，并实现了重大技术改进和创新，它克服了 UM71 轨道电路在传输安全性和传输长度上存在的问题，解决了轨道电路全程断轨检查、调谐区死区长度、调谐单元断线检查、拍频干扰防护等技术难题，延长了轨道电路的传输长度，采用单片机和数字信号处理技术，提高了抗干扰能力。

ZPW-2000A 型无绝缘轨道电路具有以下特点：

（1）在解决调谐区断轨检查技术难题后，实现了对轨道电路全程断轨的检查，大幅度减少了调谐区死区长度（从 20 m 减小到 5 m 以内），实现了对调谐单元的断线检查和对拍频信号干扰的防护，大大提高了传输的安全性。

（2）利用新开发的轨道电路计算软件实现了轨道电路参数的优化，大大提高了轨道电路的传输长度，改善了低道床电阻轨道电路工作的适应性。

（3）用国产铁路信号数字电缆取代法国的 ZCO3 型电缆线，直径由 1.13 mm 降至 1.0 mm，减少了备用芯组，加大了传输距离（从 7.5 km 提高到 10 km），使系统的性价比大幅提高，显著降低了工程造价。调谐区设备的 70 mm^2 铜引接线用钢包铜线取代，方便了维修。

（4）用单片机和数字信号处理芯片代替晶体管分立元件和小规模集成电路，提高了发送移频信号频率的精度和接收移频信号的抗干扰能力。

（5）系统中发送器采用“n+1”冗余，接收器采用成对双机并联运用，提高了系统的可靠性。

ZPW-2000A 型无绝缘轨道电路的载频为 1700-1、1700-2、2000-1、2000-2、2300-1、2300-2、2600-1、2600-2（1 为+1.4 Hz，2 为−1.3 Hz），共 8 个。其频偏和低频同 UM71 轨道电路。

ZPW-2000A 型无绝缘轨道电路的室内设备包括发送器、接收器和电缆模拟网络，室外设备包括调谐单元、空心线圈、匹配变压器、补偿电容。

ZPW-2000A 型无绝缘轨道电路的绝缘节有电气-电气绝缘节（JES-JES）结构和电气-机械绝缘节（JES-BA//SVA′）结构两种，两者的电气性能相同。

ZPW-2000A 型无绝缘轨道电路的系统构成如图 7-4-1 所示。

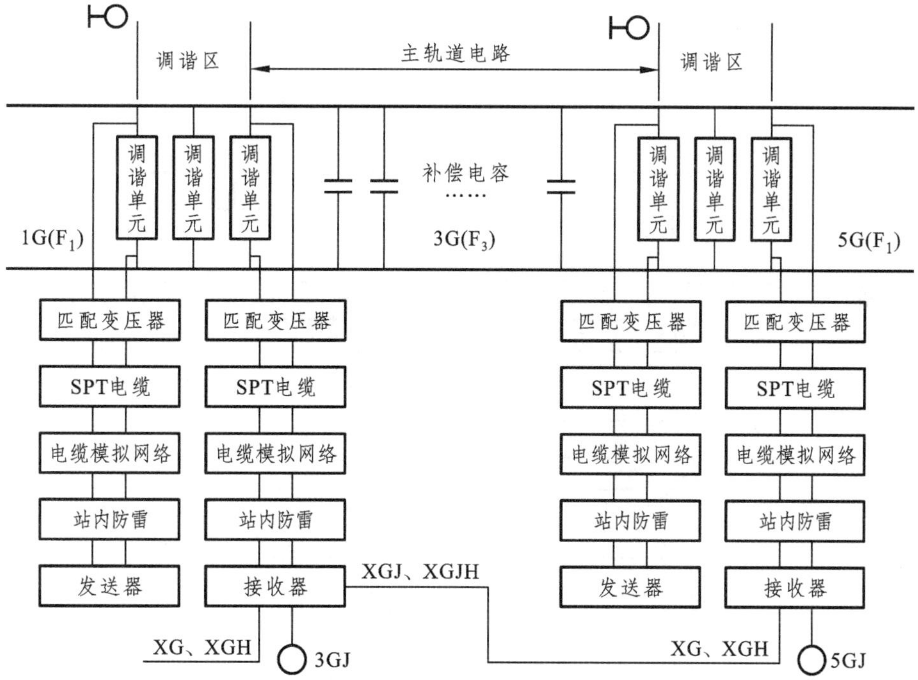

图 7-4-1　ZPW-2000A 型无绝缘轨道电路的自动闭塞系统

ZPW-2000A 型无绝缘轨道电路将轨道电路分为主轨道电路和调谐区短小轨道电路两个部分，并将短小轨道电路视为列车运行前方主轨道电路的所属“延续段”。

发送器用来产生高精度、高稳定性的移频信号，同时向线路两侧主轨道电路、小轨道电路发送信号。

接收器用来接收主轨道电路和相邻区段发送器在调谐区构成的信号。除接收本主轨道电路的频率信号外，还同时接收相邻区段小轨道电路的频率信号。接收器采用数字信号处理技术，将接收到的两种频率信号进行快速傅里叶变换，获得两种信号能量谱的分布。

上述“延续段”信号由运行前方相邻轨道电路接收器处理，并将处理结果形成小轨道电路轨道继电器的执行条件（XG、XGH）送往本轨道电路接收器，作为轨道继电器（GJ）励磁的必要检查条件（XGJ、XGJH）之一。

这样，接收器用于接收主轨道电路信号，并在检查所属调谐区短小轨道电路状态（XGJ、XGJH）条件下，动作本轨道电路的轨道继电器（GJ）。另外，接收器还同时接收邻段所属调谐区小轨道电路信号，向相邻区段提供小轨道电路的状态（XG、XGH）条件。

二、ZPW-2000R 型无绝缘轨道电路

ZPW-2000R 型无绝缘轨道电路的原理与 ZPW-2000A 型无绝缘轨道电路基本相同，其频率参数也与 ZPW-2000A 型完全相同。ZPW-2000R 型无绝缘轨道电路的系统构成如图 7-4-2 所示。

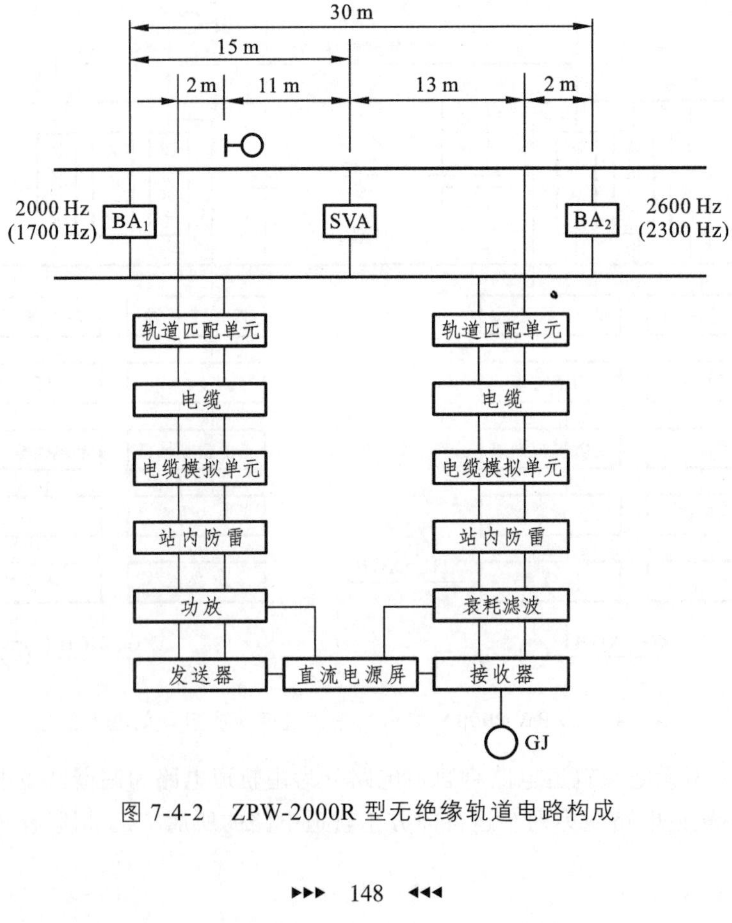

图 7-4-2　ZPW-2000R 型无绝缘轨道电路构成

调谐区设备由平衡线圈、调谐单元、匹配单元、钢包铜引接线组成。电气绝缘节平衡线圈、调谐单元和匹配单元按五点布置，分别安装在专用带有绝缘防护箱的支架或混凝土基础上，设备中心线与钢包铜引接线保持在同一直线上。

调谐区长 30 m，尽量选取长钢轨，不具备条件时，允许有一个轨缝，但两轨缝之间要连接良好，接触电阻要小于 50 Ω。

任务实施

简述 ZPW-2000A 型轨道电路的特点。

参考文献

[1] 高继祥. 铁路信号运营基础[M]. 北京：中国铁道出版社，1998.
[2] 林瑜筠. 铁路信号基础[M]. 北京：中国铁道出版社，2008.
[3] 吴广荣,张胜平. 铁路信号基础设备运行与维护[M]. 成都:西南交通大学出版社,2021.
[4] 吴广荣，翟红兵. 铁路信号基础设备维护. 2 版[M]. 成都：西南交通大学出版社，2016.
[5] 蔡小平. 铁路信号电源设备维护[M]. 北京：中国铁道出版社，2016.
[6] 董昱. 区间信号与列车运行控制系统[M]. 北京：中国铁道出版社，2008.
[7] 吴金洪,张瑾. 城市轨道交通列车运行控制. 2 版[M]. 西安:西安交通大学出版社,2018.
[8] 邱关源. 电路. 5 版[M]. 北京：高等教育出版社，2006.
[9] 刘利芳，郭进. 区间信号自动控制[M]. 北京：科学出版社，2014.